JN250784

3D-CG

キャラクター

テクニック

はじめに

　本書を手に取った読者の方の中には、

- 思い描いたキャラクターを3D-CGにしたい
- リアリティのある3D-CGを作りたい
- Shade3Dの基本操作は習得したけれど、応用を学ぶにはどうしたらいいか分からない
- 上級者のテクニックを学びたい

などの想いをもつ方もいるでしょう。

　それを解決する1つの指針になればと、本書を執筆しました。

※

　本書では共著という形をとり、それぞれの著者が得意とする「複雑な形状の造形」と「リアリティある絵作り」に重点を置いた構成としています。

　また、本文内では「細かいテクニック」や「便利な機能」を本文内や、コラムで紹介しています。

※

　本書では、「Shade3D」の基礎を習得した方を主な対象読者としています。

　そのため、「Shade3D」を始めたばかりの方にとっては難しく感じるかもしれません。

　しかし、「これだけは押さえてほしい」という操作方法も最初に紹介したうえで、次のステップに進めるような構成としています。ぜひ根気強く読み進めてください。

　一方、Shade3D経験者の方にとっては、入門書とは一味違った技術を習得できるように、応用的な操作方法を交えて解説しています。

※

　最近の「Shade3D」関連の書籍は、基礎的な操作方法の紹介が主な内容となっており、次のステップに進む指針となる書籍がないことが気になっていました。

　「Shade3D」は、入門用としても取り組みやすい3D-CGソフトである一方、突き詰めることで創造の可能性が広がる、奥の深いツールです。

　本書がきっかけで、「Shade3D」による3D-CG創作の世界が広がる一助になれば嬉しいです。

　なお、1～3章はsisioumaruが執筆を担当し、4～6章はCASPAR003が担当しました。

sisioumaru / CASPAR003

3D-CG キャラクターテクニック

CONTENTS

第1章 「3D-CG」をはじめよう

第2章 キャラクターモデリング

サンプルのダウンロード

本書のサンプルデータは、サポートページからダウンロードできます。

http://www.kohgakusha.co.jp/support.html

ダウンロードした ZIP ファイルを、下記のパスワードを大文字小文字に注意して、すべて半角で入力して解凍してください。

GtLQab74

※ パスワード付き ZIP ファイルがうまく解凍できない場合は、別の解凍ソフトなどをお試しください。

第1章

「3D-CG」をはじめよう

「Shade3D」は、非常に多機能な「3D-CG作成ソフト」です。
しかし、多機能すぎるがゆえ、使いはじめるにしても、どこから取り掛かったらよいか分からなくなってしまいます。
そこで最初に、「作業環境を整理する」こと、「基本的な操作を覚える」ことが大切になります。

本書を読み進めていると、操作名称に「†」が付記されている場合があります。この記号のついた操作は本章を含め、よく使う操作の一覧として巻末附録に記載されています。

1-1 「3Dモデリング」をはじめるために

　「3D-CG」(3次元コンピュータグラフィックス)という言葉は、映画やゲームでは当たり前のように使われ、目にする機会も多いと思います。
概念としては、立体的な情報をもった形状または絵を、PC(コンピュータ)を使って作られたものです。

　「PC」と「ペンタブレット」を使ってイラストや絵を描く「2D-CG」と、「3D-CG」のとは、その作成工程が大きく異なります。

　「3D-CG」の工程イメージは、PCの中に特別な「作業部屋」を作り、「粘土」や「彫刻」をする感覚で形を作り、「着色」したり「照明」を当てたりしながら作っています。
　「形」を作る作業のことを「3Dモデリング」と言います。

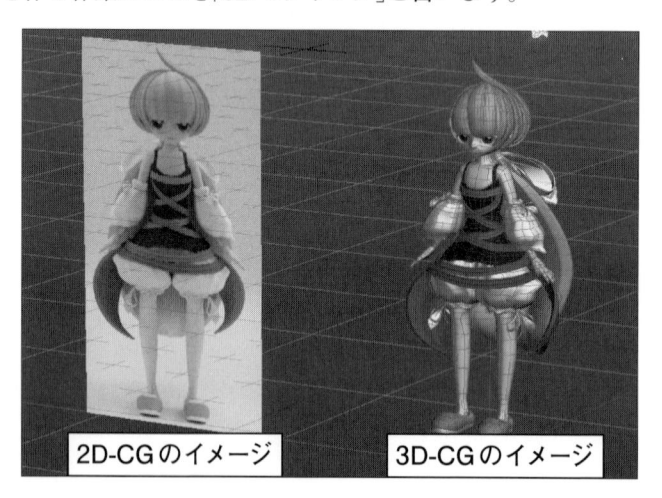

2D-CGのイメージ　　　3D-CGのイメージ

　「3D-CG」や「3Dモデリング」をはじめるには、「PC」(パソコン)以外に、「専用ソフト」が必要です。
　3D-CGは業務用途で使われることが多いため、専用ソフトも高価なものが多いです。

　そのような中で「Shade3D」は、安価でありながら「ホビー用」から「業務用」まで対応できる3D-CGソフトです。

1-2 「Shade3D」の紹介

■「Shade3D」とは

　「Shade3D」は、写真のようにリアルな「3Dイラスト」や「アニメーション」「VR」といった映像作品から、「3Dプリント用データの作成」まで幅広い分野に対応した「統合型3D-CG作成ソフト」です。

　「イラスト」や「フィギュア作り」を目的としたホビーユーザーはもちろん、「建築/プロダクト・デザイン」用途に利用しているプロユーザーも多くいます。

■「Shade3D」の特徴

　数ある3D-CGソフトの中で、「Shade3D」ならではの魅力は多くあります。

　特徴的なものとしては、以下があげられます。

① 豊富なモデル作成機能
　思い描いた3D-CGを作るまでの最初の関門は、3D形状を「モデリング」する作業です。

「Shade3D」では、主に3種類のモデリング手法を選ぶことができます。

ポリゴン	粘土をこねるような感覚で形を作る手法。キャラクターなどの有機的な形状を作るのに向いている。
自由曲面	線で輪郭を描いて立体化する手法。「Shade3D」シリーズの代表的なモデリング手法。
NURBS	図面を作成する「3D-CAD」のような感覚で操作できる手法。 ※ NURBS は「ver.17」の「Professional」グレードのみ対応。

本書では、この中で、「ポリゴン」によるモデリングを主に紹介します。理由は後述します。

② 美しいイメージの作成

「Shade3D」は、まるで写真のようにリアルで美しいイメージを作成できることでも定評があります。

しかし、これまでの「Shade3D」関連の書籍では、その詳細な方法はあまり述べられていませんでした。

本書では、写実的なイメージの作成手法についても4章以降で詳しく解説します。

③ 歴史のある純国産ソフト

海外製の3D-CGソフトが多い中で、「Shade3D」は純国産ソフトとなります。そのため、操作画面が日本語仕様なのはもちろん、サポートも国内で受けられます。

また、歴史あるソフトのため、ユーザー数が多く、公式サイトやSNS上のコミュニティが充実しているのも魅力です。

④ 手ごろな価格帯

入門/ホビー向け用途の「Basic」グレードでも、本格的な3D-CGを作ることができます。「Shade3D」を習得していくうちに物足りなくなり、より高度な表現をしたい場合は、上位のグレードにアップすることもできます。

■ 3D-CG を作成するまでの流れ

3D-CGの作成は、手書きでイラストを描くよりも、「粘土」や「彫刻」で立体物を作る感覚に似ています。

大まかな流れは下図のようになります。

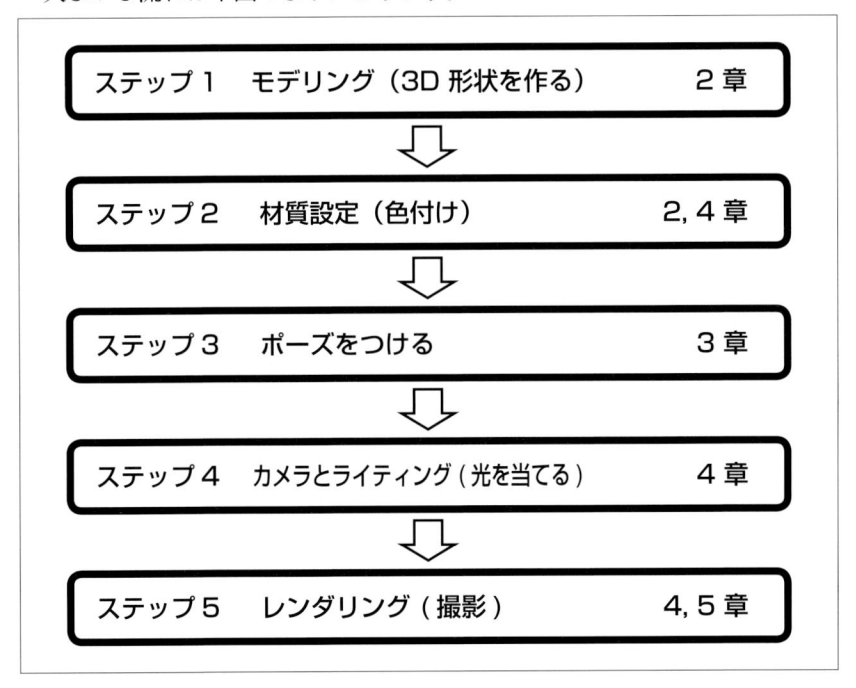

ステップ 1	モデリング（3D 形状を作る）	2 章
ステップ 2	材質設定（色付け）	2, 4 章
ステップ 3	ポーズをつける	3 章
ステップ 4	カメラとライティング (光を当てる)	4 章
ステップ 5	レンダリング (撮影)	4, 5 章

■ 対象とする読者

本書では、「Shade3D」の基本機能を使って、「キャラクター・フィギュアモデル」を作ります。

各工程では可能な限り詳細に解説しますが、ページ数にも限りがあるため、基礎操作について説明を省く場合があります。そのため、「Shade3D」の基礎操作が習得済みであることが望ましいです。

> 入門書として、工学社からの既刊本 「「Shade3D」CG テクニックガイド ver.16」 も参考にしてください。

なお、本書は「Shade3D」最新版の「ver.17 Basic グレード」のユーザーを対象としていますが、「ver.15〜16」でもほとんどの操作は共通の内容になります。

1-3 作業環境の準備

■ 画面レイアウト

さっそく「Shade3D」を起動します。

画面レイアウトは、使いやすいものを選択してください。なお、本書では、モデリング作業時は標準的な「四面図」のレイアウトを推奨します。

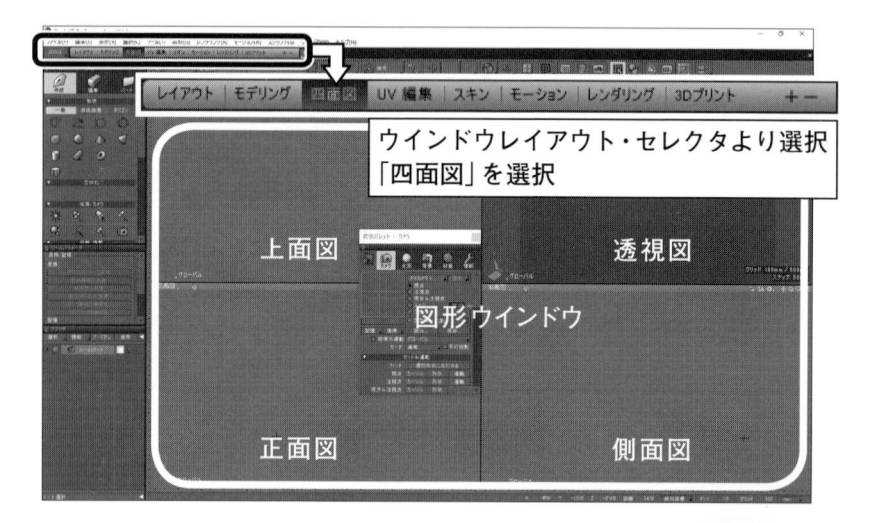

その他、本書では必ず使う「ツール・ウインドウ」として、以下の6点を表示させます。

各ツールは、「表示」メニューから選択できます。

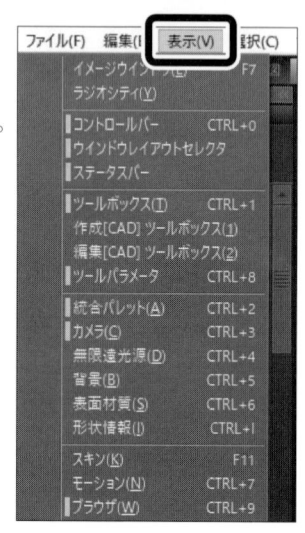

---

(1) コントロールバー
(2) ツールボックス
(3) ツール・パラメータ
(4) 統合パレット
(5) ブラウザ
(6) ウインドウレイアウト・セレクタ

　ツールによっては、ウインドウ領域(たとえばブラウザ)を画面端までドラッグ&ドロップすることで、周囲の「ツール・ウインドウ」と統合できます。

　使いやすいレイアウトにカスタマイズしてもいいです。

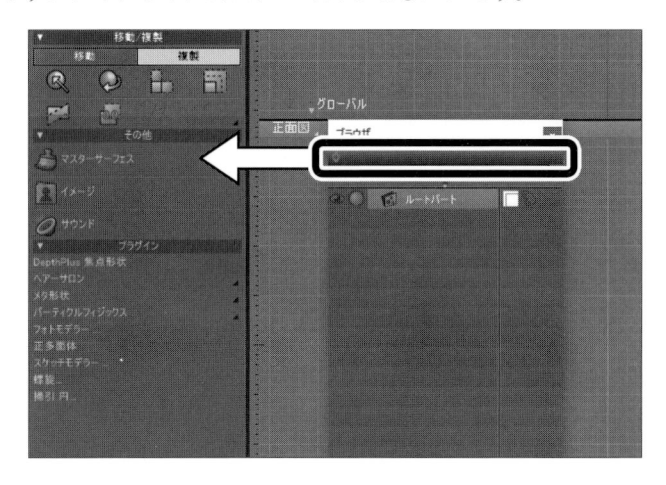

■ よく使うツールの紹介

　先ほど表示したツールについて、概要を紹介します。

① コントロールバー

　よく使うツールがアイコンとともにまとまっています。

　ツールの内容は、本書を進めていきながら、その都度紹介します。

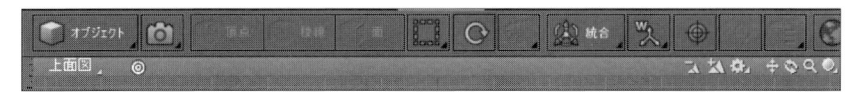

② ツールボックス

　3次元形状を「作成」「編集」するために必要なツールがまとまっています。

　ツールの種類・数が非常に多いため、よく使うツールを[1-3]で紹介します。

③ ツール・パラメータ

　ツールボックス内の各ツール選択に合わせて表示内容が変化します。

　形状編集する際に、数値で指定したい場合などに使います。

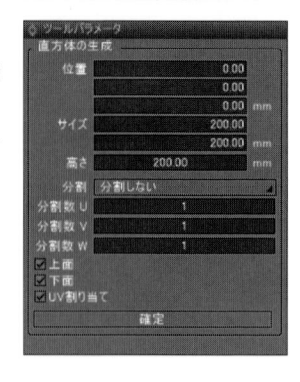

④ 統合パレット

　「カメラ」「ライト」「表面材質(色付け)」「背景」「その他情報」の設定がまとまったウインドウです。

　各名称のアイコンをクリックすることで、表示内容を切り替えできます。

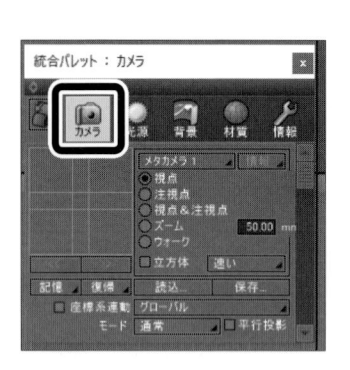

⑤ ブラウザ

　3D-CGでは、複数の形状を組み合わせて形を表現します。

　各形状を視覚的に整理できるフォルダのような役目をします。

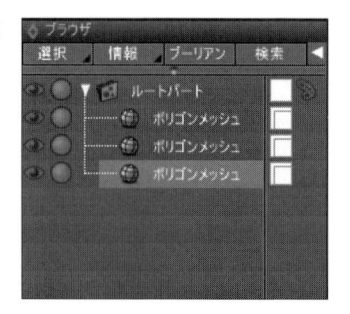

■ 透視図の環境設定

　さっそく、「ツールボックス」を使って「直方体形状」のポリゴンを作ってみましょう。

---

[1] 「作成」→「ポリゴン」→「直方体形状」の順にアイコンを選択します。
　「ツール・パラメータ」に表示される数値はそのままで、「確定」を押します。

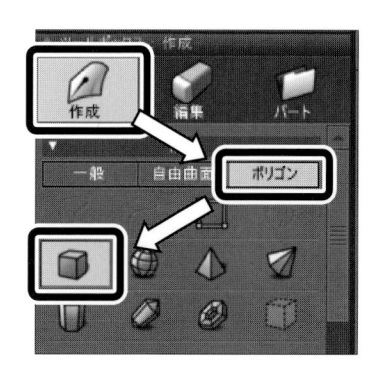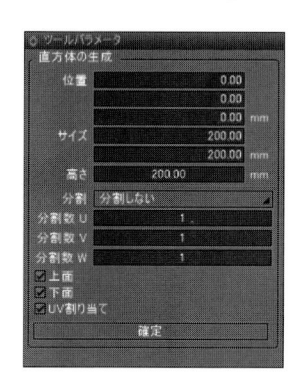

[2] すると、図形ウインドウ中央に直方体形状が作成されます。

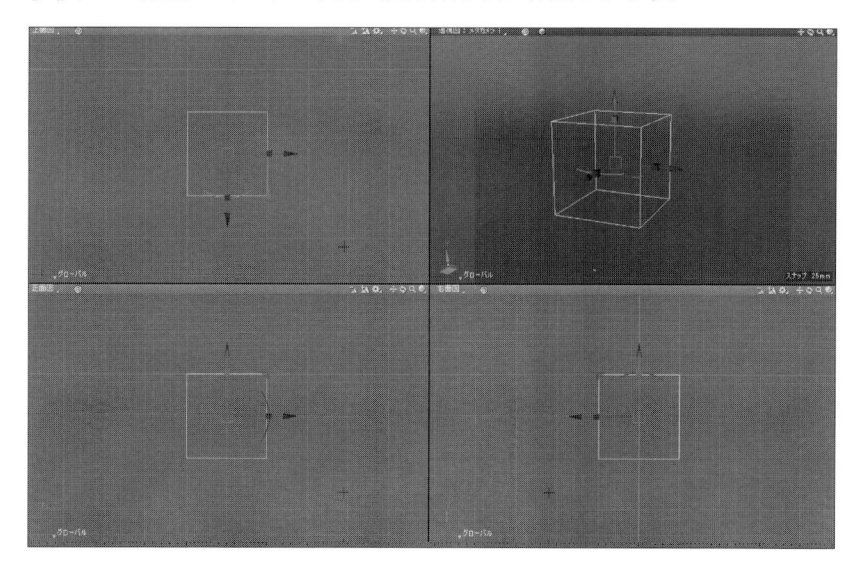

[3] 表示を見やすくするため、設定変更します。

「透視図」右上の丸いアイコンをクリックすると、表示の設定（シェーディング表示）を細かく変更できます。

> ①「テクスチャ」または ①'「テクスチャ＋ワイヤフレーム」にチェックを入れます。表示の見やすさには個人差がありますので、使いやすい方を選択してください。本章では解説のしやすさから「テクスチャ＋ワイヤフレーム」表示にて図解しています。
>
> ②「モデリングライト」をチェックし、③「モデリングライトタイプ」は「タイプ 2」を選択します。直方体形状に色と陰影がついて表示されます。
>
> 好みに応じて、④「図形ウインドウ」内の「グリッドの表示」や「作業平面の表示」のチェックを外して、非表示にします。

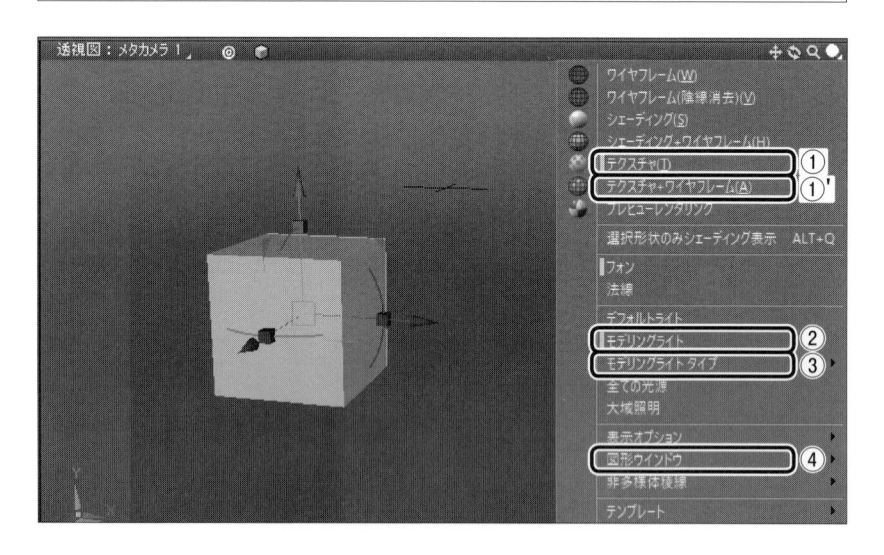

[4] 最後に、コントロールバー内の「マニピュレータ」と「座標」の設定が以下のようになっていることを確認してください。

マニピュレータ	統合
座標系	グローバル

1-4 モデリングの基礎

■「ポリゴン・モデリング」のすすめ

「Shade3D」には主に「ポリゴン」と「自由曲面」の2種類のモデリング手法があります。従来の「Shade3D」ユーザーにとっては「自由曲面」によるモデリングのほうが馴染み深いかもしれません。

しかし、本書ではあえて「ポリゴン」によるモデリングを紹介します。それは以下のような利点があるからです。

・粘土をこねるような感覚でモデリングできる「ポリゴン」は、「キャラクター」のような有機的な形状を作るのに向いている。
・「自由曲面」で悩まされがちなシワが出来ない（出来づらい）。
・キャラクターの手足のような、分岐形状をモデリングしやすい。
・最近の「Shade3D」では、バージョンアップを重ねて、「ポリゴン・モデリング」を強化する機能が多数盛り込まれている。

モデリングでよく使う操作は、主にこれから解説する9点になります。
本書で使うモデリング操作のほとんどはこれらで網羅されます。まずはここを習得しましょう。
[1-3]で作った「直方体形状」をもとに、各操作を紹介します。

■ よく使うモデリング操作

① 「形状編集モード」への切り替え

コントロールバー左端にある「オブジェクト」ボタンをクリックして、「形状編集」を選択します。これでポリゴン形状を編集できるようになります。

編集作業が終わったら、同様の操作で「オブジェクト」を選択するか、キーボードの「Enter」キー（Macでは「Returnキー」）を押します。

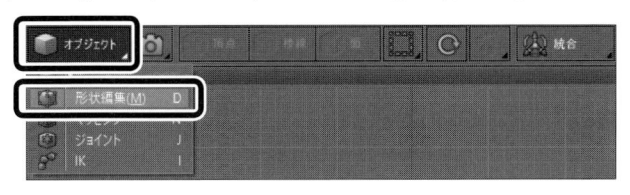

② 頂点／稜線／面の選択モード

「直方体形状」の角の点を「頂点」と、頂点間を結ぶ線を「稜線」と呼びます。

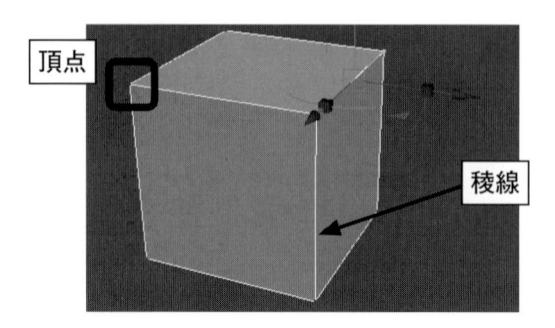

「頂点」や「稜線」「面」を任意に選択したい場合は、「形状編集モード」の状態で、コントロールバー内の「選択モード」をクリックします。

「頂点」選択モード時には、四面図内で頂点をクリックすると、選択した頂点が「黄色」に変わります。「稜線」や「面選択モード」時も同様です。

さらに、選択の仕方にもいくつか方法があります。

・複数の頂点（稜線／面）を連続して選択

頂点の場合は、Ctrlキー（Macではcommandキー）を、「稜線／面」の場合は、Ctrlキーの代わりにShiftキーを押しながら、選択対象を1つずつクリック。

・複数の頂点（稜線／面）をまとめて選択

マウスでドラッグしながら選択したい領域を囲う。
Shiftキーを押しながらドラッグで、選択操作を連続で続けられる。

・特定部分の選択を解除

Altキーを押しながら、選択を解除したい領域をドラッグして囲う。

・すべての選択を解除

四面図内の何もない領域で、Ctrlキー（Macではcommandキー）＋クリック

裏側にある頂点など、選択したい対象をうまく選択できない場合は、カメラ操作が必要です。カメラ操作は [1-5] で解説します。

ワンポイント

次図のように、面を囲むように四隅の「頂点（稜線）」を選択して、選択モードを「面」に変更すると、面の選択に切り替わります。面を選択しづらい場合に、この操作はよく使います。

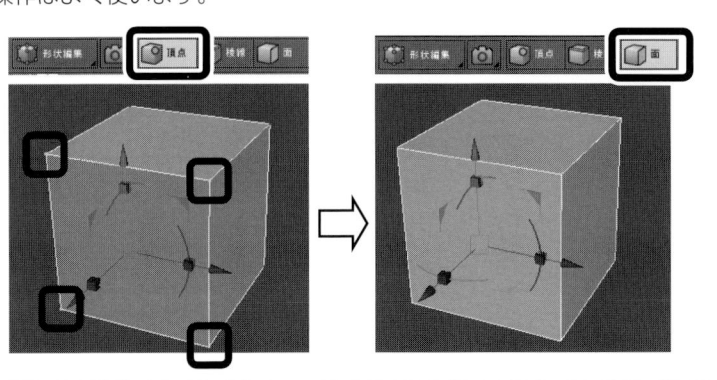

③ 頂点の移動とマニピュレータ

頂点（稜線/面）を選択すると、画面内に「赤/青/緑色」の三方向に伸びた矢印が表示されます。これを「マニピュレータ」と呼びます。

マニピュレータ中央の「オレンジの枠」をドラッグすると、選択した部位を移動させることができます。

マニピュレータの各部をドラッグすることで、頂点（稜線/面）を任意に移動/変形させることができます。

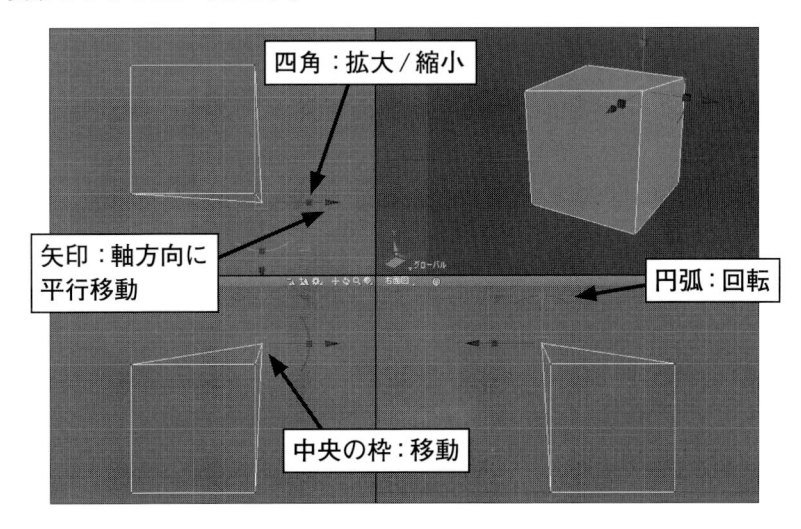

　なお、頂点の「移動/回転/拡大・縮小」操作はマニピュレータ以外にも、「ツールボックス」のコマンドからも操作もできます。

　「作成」メニューの下部にある「移動」から選択します。

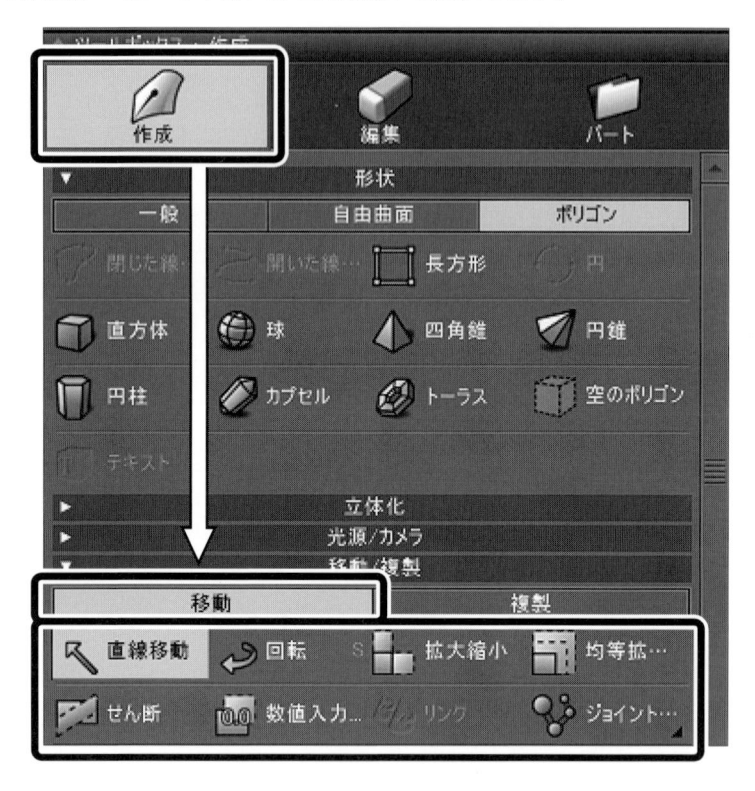

　「マニピュレータ」「ツールボックス」、どちらでも使いやすいほうを選んで操作してください。

　なお筆者の場合は、[1-5]で紹介する「ショートカット」に、ツールボックスの「移動」コマンドを割り当てています。

　慣れると、こちらの方が格段に速く操作ができるからです。

④ 面の切断

面の切断は非常によく使う操作です。本書でも「切断」という言葉はよく出てくるため、操作を忘れてしまったら、本項に戻って確認してください。

面の切断は、事前に面を選択[†]している必要があります。

たとえば、直方体の正面の面を選択します。ツールボックスより、「編集」→「メッシュ」→「切断」の順に選択します。

面を縦断するようにマウスをドラッグします。すると、面が左右に切断されます。

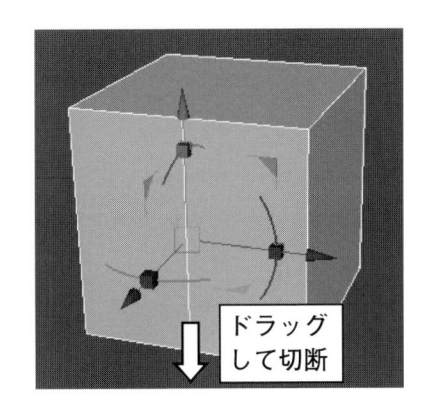

ドラッグ
して切断

ワンポイント

Shift キーを押しながらドラッグすると、水平・垂直に切断ができます。

⑤ ベベル(押し出し/押し込み)

選択した面を「押し出す」「押し込む」、ベベル操作も非常によく使います。

たとえば、直方体の正面の面を選択[†]します。ツールボックスより、「編集」→「メッシュ」→「ベベル」の順に選択します。

ツール・パラメータの「押し出し」を選択します。

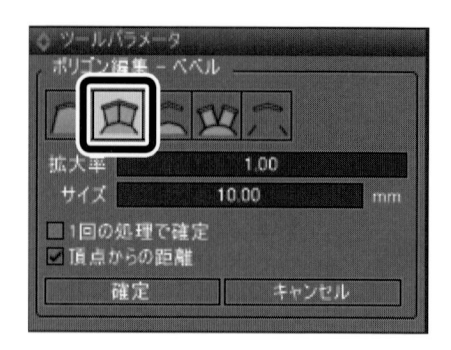

　透視図内でマウスをドラッグすると、画面に「仮想ジョイスティック」が表示されます。仮想ジョイスティックに沿ってマウスを「真っ直ぐ上方向にドラッグ」すると、面が押し出されます。

　逆に、下方向にドラッグすると面は押し込まれます。

　また、仮想ジョイスティックに対してマウスを斜め上方向にドラッグすると、押し出される面の大きさが変更(拡大/縮小)されます。

仮想ジョイスティックに対して上方向にまっ直ぐドラッグしたとき(左)
仮想ジョイスティックに対して斜め上方向にドラッグしたとき(右)

　ベベル操作が終わったら、「Enter」キーを押して確定させます。2回続けてベベルしたい場合も、まず1度Enterを押してから、再度ベベルします。

　仮想ジョイスティックの操作に対して、面がどのように変化するか試してみましょう。

⑥ 面を削除／張る

モデリング作業では、よく使うモデリング操作③～⑤を組み合わせることで大抵の形状を表現することができます。

さらに、より細かい造形を求める場合に覚えておくといいのが、面を「削除／張る」操作です。

＊

「面を削除」するのは簡単です。

削除したい面を選択し、右クリックします。メニューが表示されるので、「面を除く」を選択すれば、削除されます。

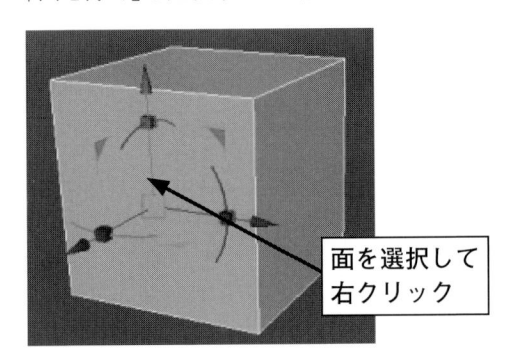

面を選択して
右クリック

「面を張りたい場合」は、その周囲の頂点（または稜線）をすべて選択した状態で、右クリックします。

メニューが表示されるので、「面を張る」を選択します。

面を張りたい周囲の頂点を
選択して、右クリック

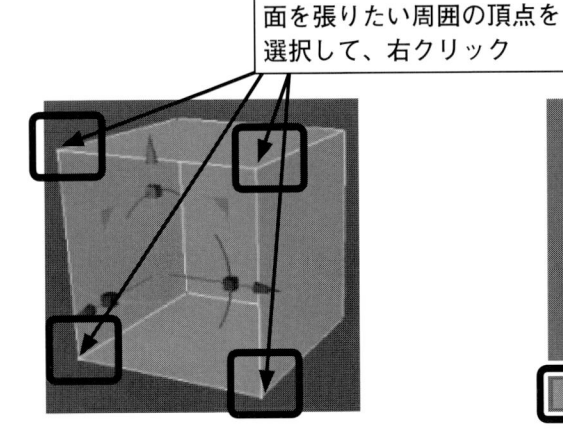

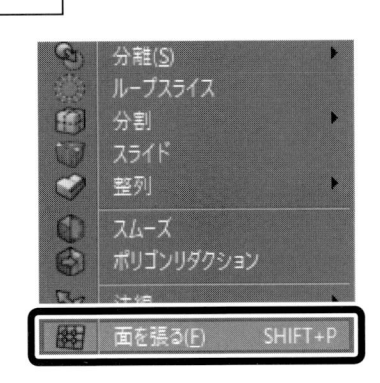

「面を張る方法」には、もう1つあります。

---

[1]面を張りたい周囲の頂点のうち、1つ選択します。

[2]「Z」キーを押すとマニピュレータの表示が消えるので、Zキーを押しながら、選択した頂点をドラッグ＆ドロップします。

　すると、「新しい頂点」が引っ張り出されます。

[3]残りの頂点についても同様に、新しい頂点を引っ張り出します。

[4]最初に引っ張り出した頂点に重なるように引っ張り出すことで、新しい頂点は自動的に1つに結合されます。すべての頂点を引っ張り出し、1点に結合すると、新しい面が生成されます。

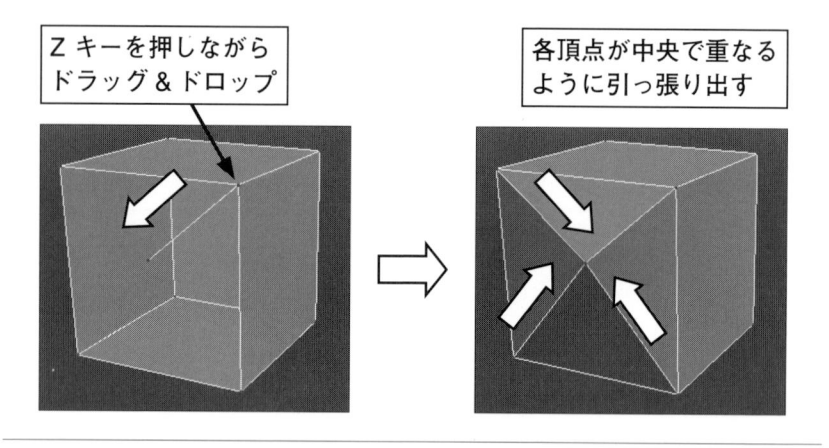

　場合によっては、このように頂点を引っ張り出しながら形を作ったほうがモデリングしやすいケースもあります。

⑦ サブディビジョン・サーフェス

　ポリゴンによるモデリングが便利である理由の1つに、「自由曲面」に比べてシワができにくいことがあります。

　これは、ポリゴンでは「サブディビジョン・サーフェス」という、「自動で角を丸める」機能があるからです。

　「サブディビジョン・サーフェス」を使うため、統合パレット内の「情報」タブを選択します。「限界角度」の欄に「170」を入力します。「分割手法」には「OpenSubdiv」を選択します。

これで「サブディビジョン・サーフェス」が適用されます。直方体形状の例では、「角」が丸められて、次図のように「球」のような形状になります。

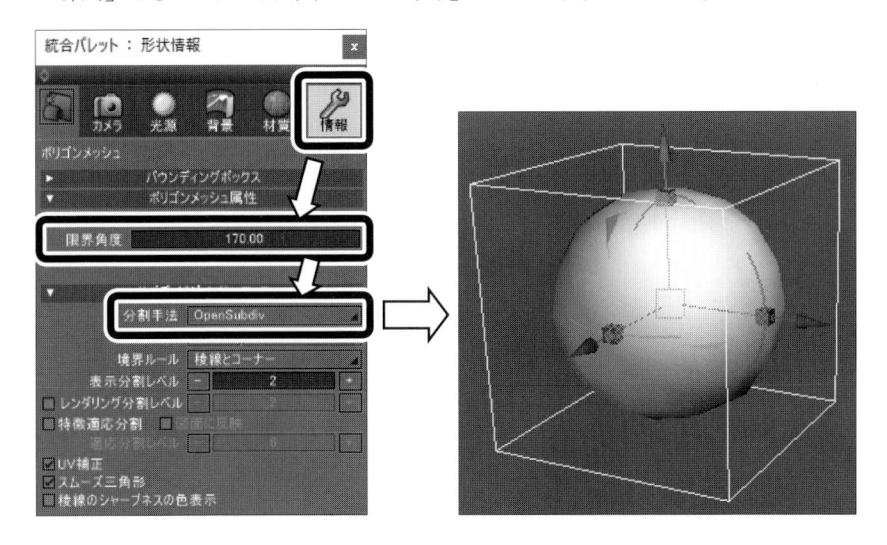

⑧ 稜線のシャープ

「サブディビジョン・サーフェス」[†]は、キャラクターのように丸み付けを多用する形状には強力に効果を発揮します。

一方で、フィギュア調の「髪の毛」のように、滑らかな曲線と、エッジを部分的に尖らせたい個所との共存が必要な場合があります。

そのような形状に対しては、「稜線のシャープ」が有用です。

稜線のシャープ無し

稜線のシャープ有り

　「サブディビジョン・サーフェス」の項で、角を丸めた直方体形状を例に操作方法を紹介します。

＊

[1] 透視図の表示設定を「テクスチャ＋ワイヤフレーム」に切り替え。

[2] コントロールバーより、「形状編集モード」に切り替え、選択モードを「稜線」にします。

[3] 直方体形状の上面4辺の稜線を選択しましょう。

　Shiftキーを押しながら4辺をクリックすると簡単に選択できます。

[4] ツールボックスより、「編集」→「メッシュ」→「サブディビジョン・サーフェス」を選択し、「稜線のシャープネス」を選択します。

稜線 (4 辺) を選択

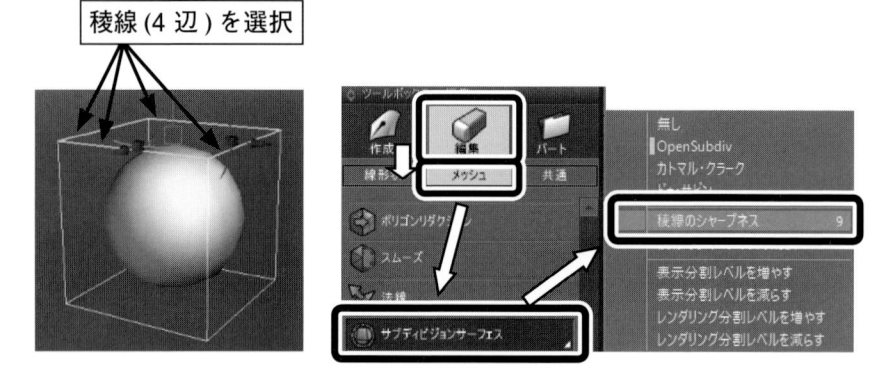

[5] ツール・パラメータの「シャープネス」の値に「4」を入力し、確定を押します。直方体形状の上面の角にシャープが適用されたことが分かります。

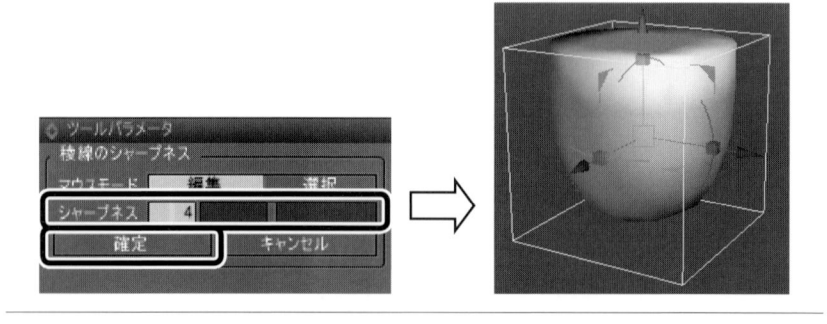

　さらにエッジを尖らせたい場合は、コラムで紹介している「特徴適応分割」を使います。

⑨ ミラーリング

キャラクターの顔のように、左右対称の形状をモデリングする場合は
「ミラーリング」を使うと便利です。ミラーリングは、たとえば次図のように、
右半分の形状を作ると、左半分も連動して同じ形状が作られる機能です。

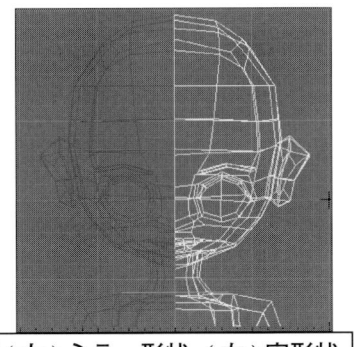 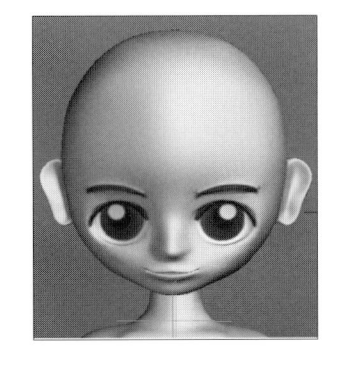

（左）ミラー形状 （右）実形状

直方体形状を例に、操作方法を紹介します。

[1]「形状編集モード」にし、面選択モードにしたら、すべての面を選択。
直方体形状を囲むようにドラッグすると簡単に選択できます。

[2] 正面図で、左右に分断するように中央で「面を切断」。

[3]「頂点選択モード」に変更し、左半分の頂点をすべて選択。
囲むようにドラッグすると簡単に選択できます。

[4]「Delete」キーを押して、選択した頂点を削除。

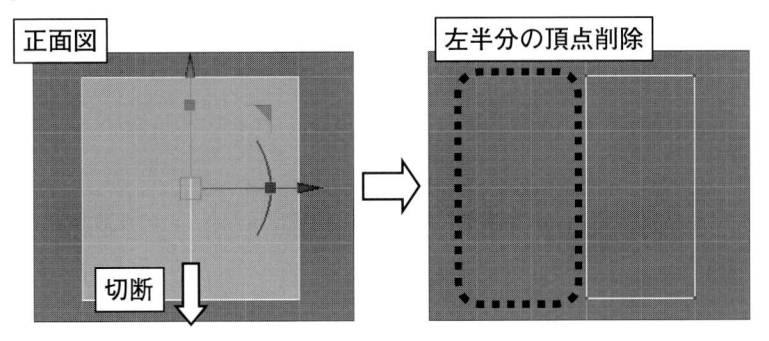

[5] 直方体形状中央の頂点を選択。ツールボックスより、「編集」→「共通」→
「頂点整列」を選択。

[6] ツール・パラメータの、「種類」の欄に「Xの最小に整列」を選択し、「X座標」の値には「0」を入力して、適用を押します。これで、ミラーリングの境界となる中央の頂点が、X軸の0mmの位置に移動します。

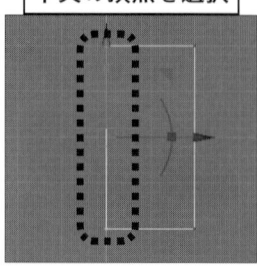

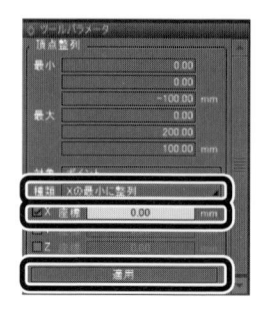

[7] ツールボックスより、「編集」→「共通」→「ミラーリング」を選択。

[8] ツール・パラメータの「ミラーリング」にチェックを入れます。

[9] 「対象軸」には「X」を選択し、「中心位置」には「0」を入力し、「ローカル座標」のチェックを外します。

[10] 「閉じる」を押します。

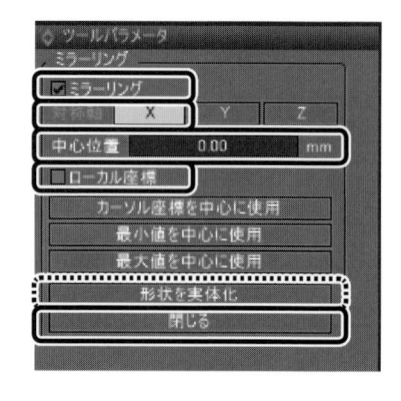

直方体形状が、中央線を対象にミラーリングされていれば、成功です。

※ なお、ミラーリングを解除したい場合は、「形状を実体化」を押すことでミラーリング側も実体化されます。

1-5 覚えておくと便利な操作

■ 便利な操作

(1) ショートカット

[1-4]で紹介した操作はモデリング作業では本当によく使われます。

そのため、いちいちツールボックスのアイコンをクリックする作業を繰り返していると煩わしく感じられます。

そこで、キーボードに任意の操作を割り当てる「ショートカット」を設定することをお勧めします。

ショートカットの設定は、上部メニューの「表示」から最下部にある「ショートカット」より呼び出します。

各キー名の脇の欄をクリックするとメニューが展開されます。探し出すのが少し大変ですが、[1-4]で紹介した操作や、その他必要な操作を好みのキーに割り当てると、2章以降の作業が楽になります。

キーボードに操作を割り当て

(2) 透視図内のカメラ操作

　モデリング作業を自由にストレスなく進めるには、カメラによる「視点操作」が重要です。

　カメラは統合パレット内の「カメラ」ウインドウ（「カメラ」タブ）から呼び出します。

① 視点の回転	「視点」を選択し、マウスを中クリックしながらドラッグ。
② 視点の平行移動	「注視点」を選択し、マウスを中クリックしながらドラッグ。
③ ズームイン／アウト	マウスのホイールをスクロール。
④ カメラ操作を戻す／進める	視点操作を1つ前に戻す／進める。
⑤ 選択形状にフィット	視点操作中に対象を見失った場合に、視線の中央に形状をフィットさせる。

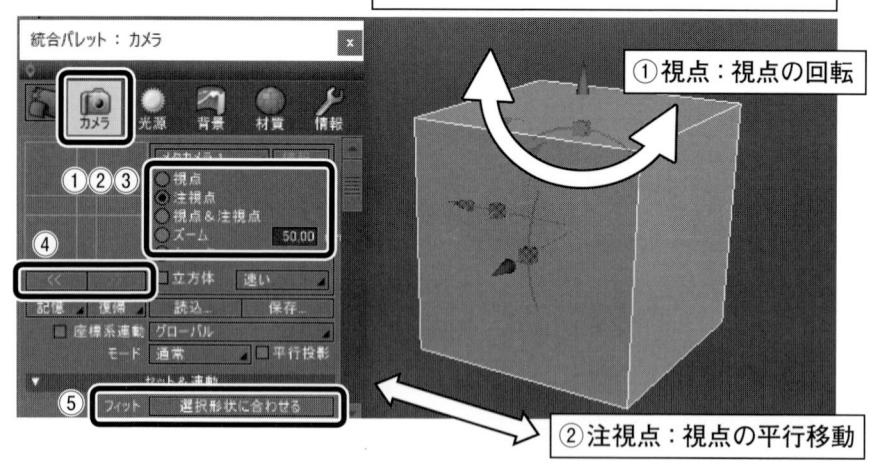

③ズーム：マウスホイールのスクロール

①視点：視点の回転

②注視点：視点の平行移動

　なお、カメラ操作①〜③は、図形ウインドウ右上のアイコンをドラッグしても、同様の操作ができます。

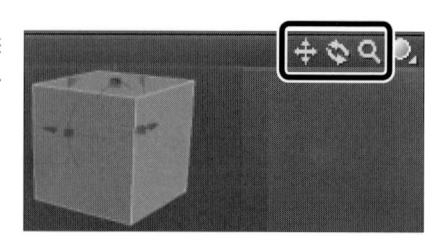

(3) 四面図内の視点操作

　正面/上面/側面図内での視点操作は、以下表のように行えます。
この中で、「③視点の回転」は特に重要です。形状の裏側にある頂点(稜線/面)
を選択したい場合に有効です。

① 視点の平行移動	マウスを中クリックしながらドラッグ
② ズームイン/アウト	マウスのホイールをスクロール。
③ 視点の回転	「Shift」+「スペース」キーを押しながらドラッグ。 視点を元に戻すときは、「Shift」+「スペース」キーを押しながらクリック。

②ズーム：マウスホイールのスクロール

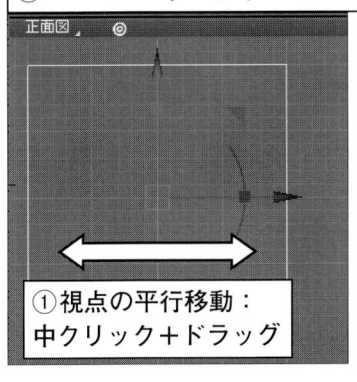

①視点の平行移動：
中クリック＋ドラッグ

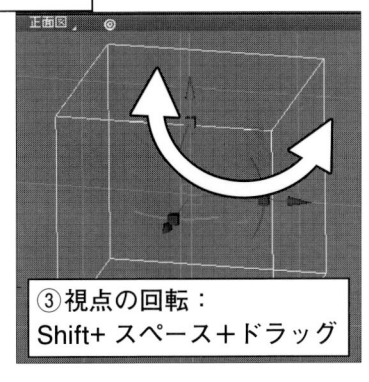

③視点の回転：
Shift+ スペース＋ドラッグ

　なお、視点操作は、図形ウインドウ右上のアイコンを
ドラッグしても、同様の操作ができます。

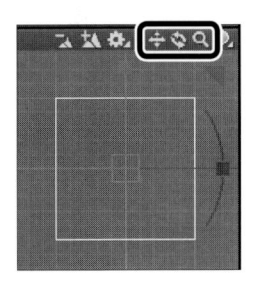

コラム 「表示分割レベル」と「特徴適応分割」

[1-3]では、「サブディビジョン・サーフェス」と「稜線のシャープネス」を習得しました。これだけではシャープさが足りない場合もあります。

そこで、「Shade3D ver.16」以降では「表示分割レベル」と「特徴適応分割」という機能が追加されました。

[1-3]の作例で「稜線のシャープネス」を適用した直方体形状に対して、さらに「表示分割レベル」と「特徴適応分割」を設定します。

統合パレットの「形状情報」ウインドウ内にある「表示分割レベル」の値を「4」にします。「レンダリング分割レベル」、「特徴適応分割」、「図面に反映」にそれぞれチェックをつけ、値も「4」にします。

すると、エッジがより滑らかにシャープになっていることが確認できるはずです。

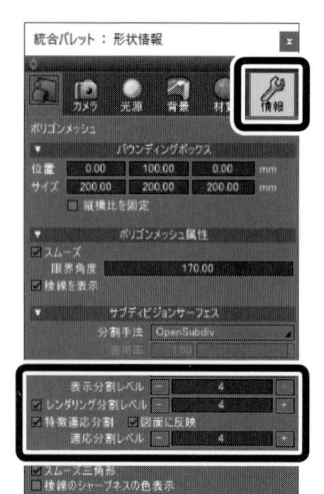

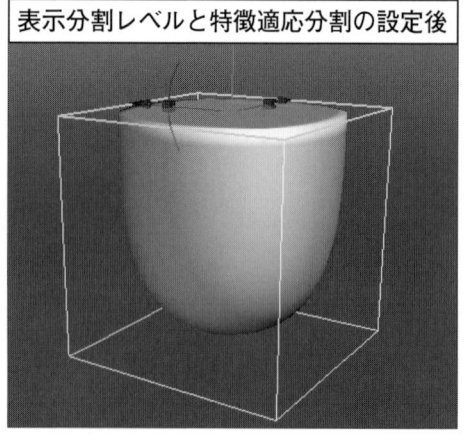

表示分割レベルと特徴適応分割の設定後

シャープの強弱は、表示分割レベルと特徴適応分割の値から変更します。どのように影響があるか試してみましょう。

第2章

キャラクターモデリング

本章では、1章で習得した操作を用いて、表紙のようなキャラクターをモデリングします。

2-1　テンプレートの設定

■ 下書きの準備

　モデリングに取り組む前に、まずは頭の中のイメージを書き出す「下書き」が大切です。ノートに落書きした絵でも充分です。ここでデザインが決まっている必要もありません。

　どんなキャラクターにしたいのか、指針になるため、ラフな絵でもぜひ下書きはしましょう。

紙に手書きした下書き

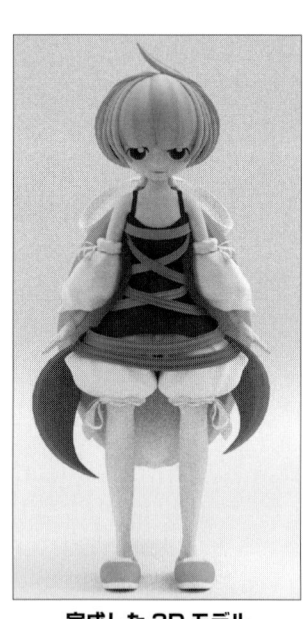

完成した 3D モデル

　本作では、「ツル」や「葉」を模した衣裳をまとった、妖精のようなキャラクターをイメージしました。

■ テンプレートの設定

　下書きを画像データとして保管し、「Shade3D」にテンプレートとして取り込みます。紙に下書きした場合は、スマートフォンなどで撮影し、PCに取り込んでも良いです。

コントロールバー内の①「テンプレート設定」をクリック。

②「左下」タブを選択。③「ファイルの読み込み領域」をクリックし、テンプレート画像を読み込みます。

正面図にテンプレートが表示されます。中央線上に合うよう、「画像設定」欄の④「中心」の数値を変更します。

さらに、本作例は完成全長150mmのフィギュアとしています。

マウスカーソルの座標は画面右下に表示されるため、テンプレート側の頭の位置が「150mm」になるよう、⑤「Y座標」を目安に、⑥「サイズ」の値も変更します。

本書サンプルのテンプレートを使った場合、中心は「12mm, 80mm」に、サイズは「115mm, 177.48mm」になります。

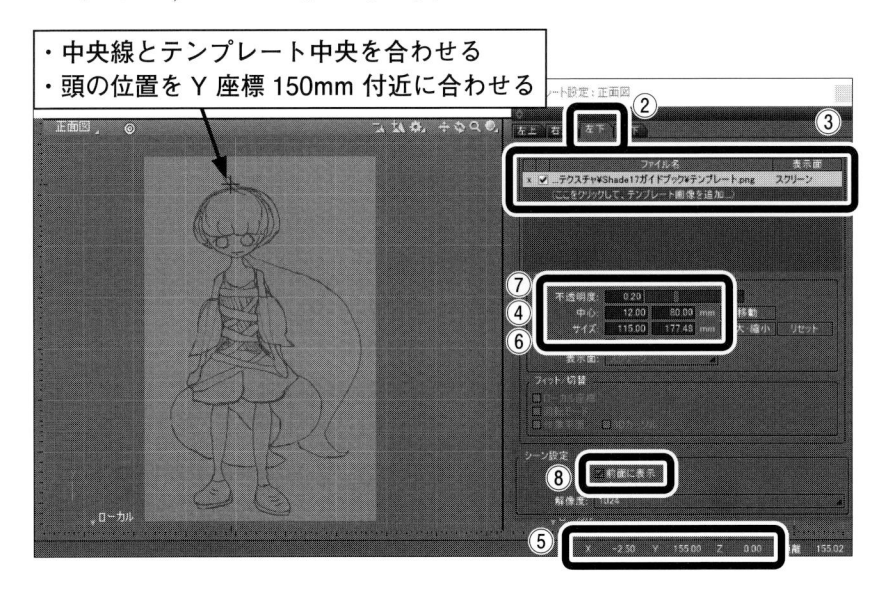

・中央線とテンプレート中央を合わせる
・頭の位置を Y 座標 150mm 付近に合わせる

⑦「不透明度」は「0.2」とし、⑧「前面に表示」にチェックをつけます。

2-2 顔のモデリング

■ 顔の下地作り

[1] 顔の元になる素材として、「ポリゴン」の直方体形状を作成[†]します。

　ツール・パラメータに表示される「サイズ」および「高さ」の欄には「30mm」を入力し、一辺が30mmの直方体形状を作ります。

[2] 直方体形状に「サブディビジョン・サーフェス」[†]を適用し、角を丸めます。

[3] 正面図で、テンプレートの顔を覆う位置に来るよう、直方体形状を移動します。

[4] 直方体形状を「正面」「側面」「上面」からそれぞれ、2分割するように次図のように面を「切断」[†]します。

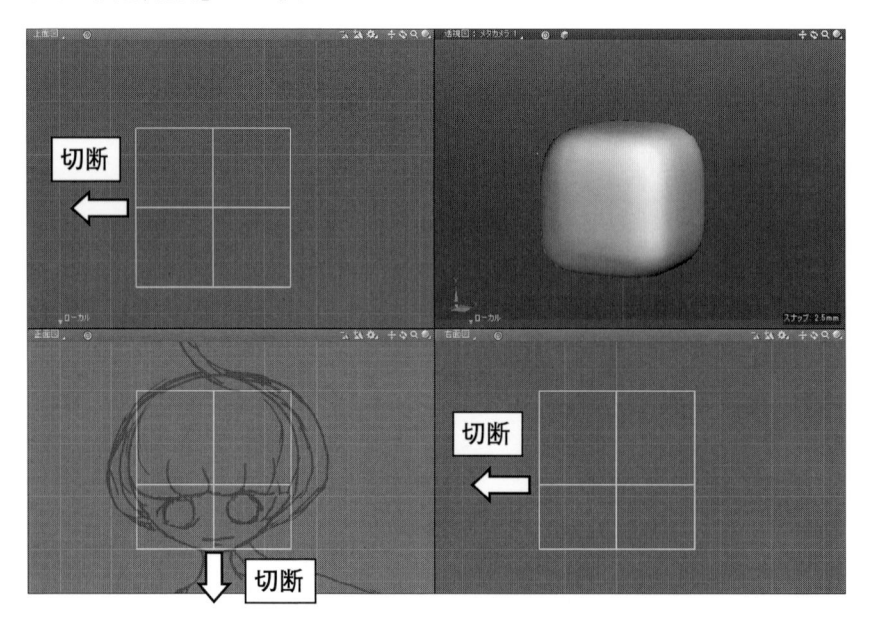

　ここまでで、直方体形状の表示は上図のようになっているはずです。

[5]直方体形状の左半分の頂点を削除し、「ミラーリング」[†]を適用します。

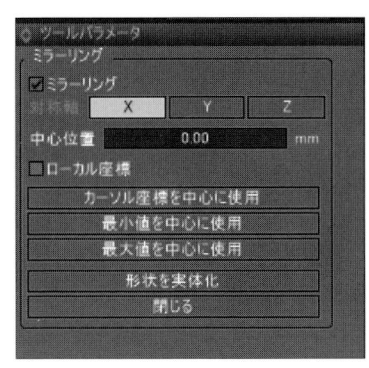 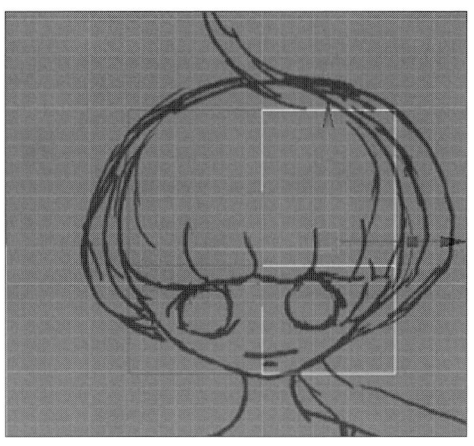

これで顔をモデリングする下地が出来上がりました。

■ 顔の輪郭を整える

直方体形状に丸みをもたせるよう、頂点位置を編集します。

[1] まず、四隅の角の頂点を選択します。

※ 頂点を選択するための視点の移動は、透視図からカメラを操作[†]／四面図内で視点を回転[†]、いずれかやりやすいほうでかまいません。

四隅の頂点を選択

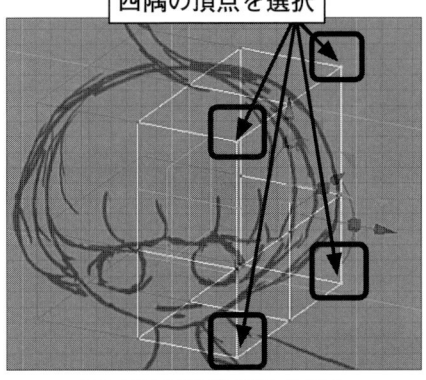 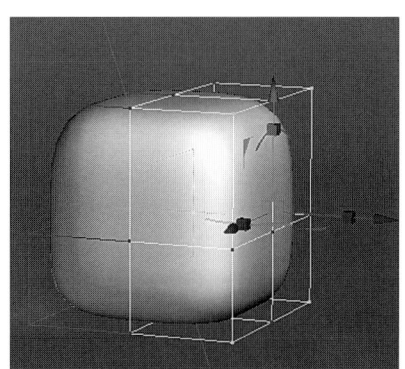

正面図内で視点回転した場合　　　　　透視図内で視点回転した場合

[2] 選択した頂点を次図のように、内側に寄せます。

マニピュレータなどを使って頂点を移動[†]させるといいでしょう。

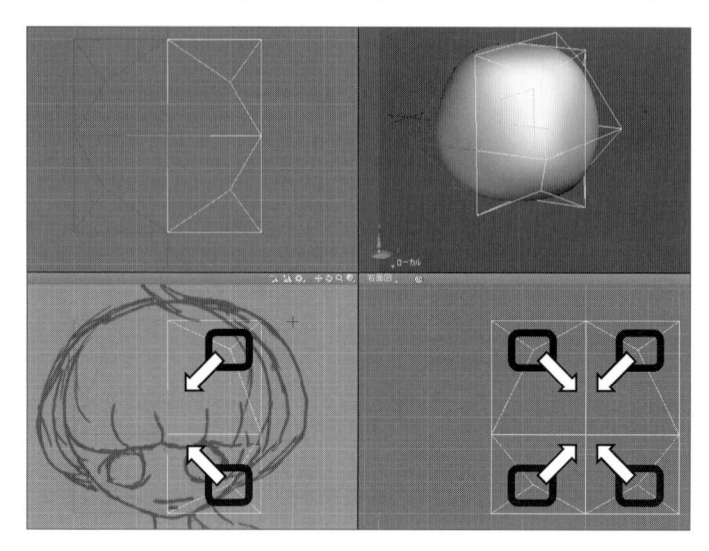

[3] 卵型の形になるよう、さらに次図のように頂点を移動させます。前後左右各面の中央点を外側に広げ、残りの角の点は内側に寄せるイメージです。

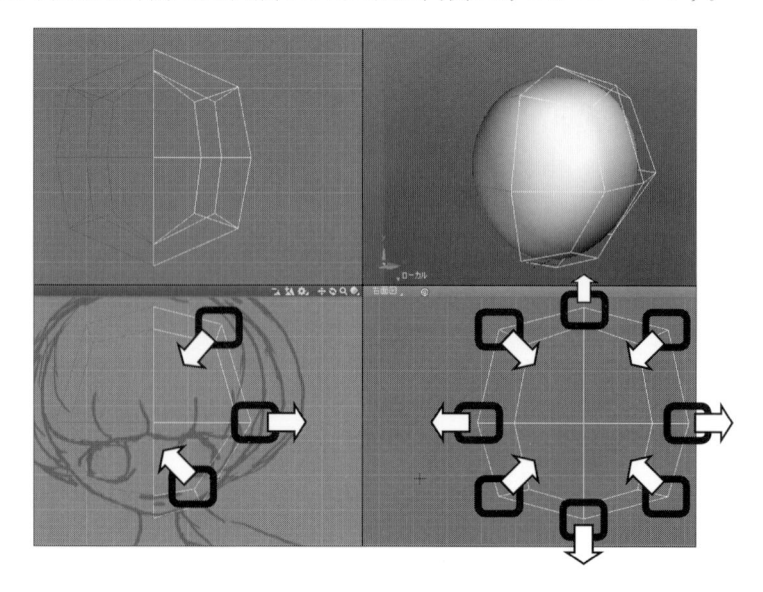

[4] 顔のパーツの流れやテンプレートを意識しながら、「額」や「鼻」の凹凸となるよう頂点を移動させます。

　途中、必要に応じて面を2か所「切断」[†]しています。

　「首」は、顔の底部の面を選択し、「ベベル」(押し出し)[†]します。

　ミラーリング境界面を押し出すときは、事前に「ミラーリング」を解除[†](形状の実体化)してください。押し出し後は、再度「ミラーリング」を実施します。

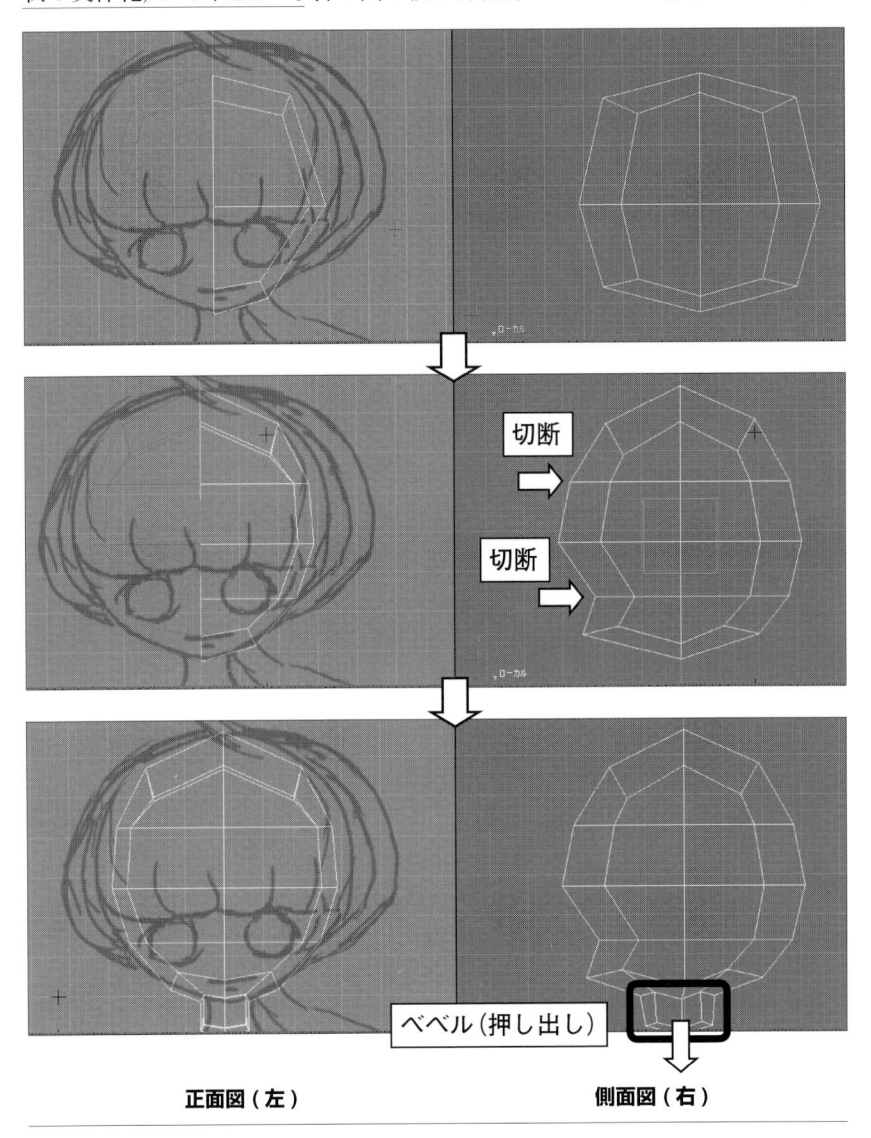

切断

切断

ベベル(押し出し)

正面図(左)　　　　　　　　側面図(右)

2-3　顔のパーツのモデリング

■ 目のモデリング

　本作ではフィギュア調のモデルになるため、眼球はモデリングしません。目の縁に沿ってくぼませる形状にします。

[1] まずは、目の外形に合わせて、格子状に面を「切断」†。

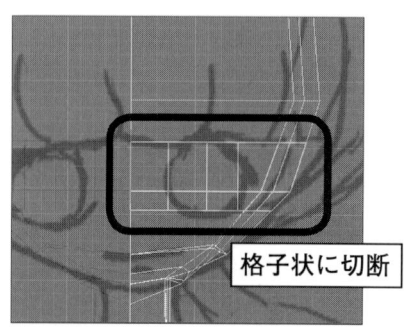

格子状に切断

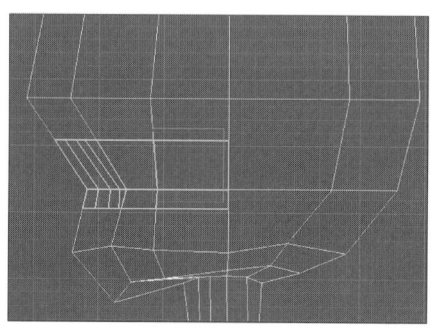

[2] テンプレートの目の線に合わせて、分割した頂点を整列。
　さらに、整理した面全体を「ベベル」(押し込み)†して、輪郭をくっきりさせます。

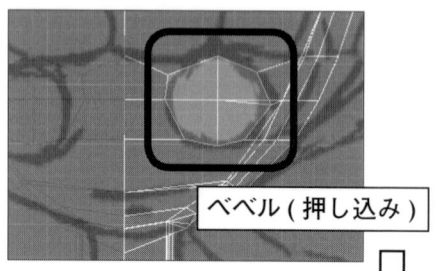

ベベル (押し込み)

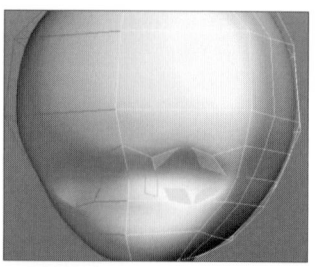

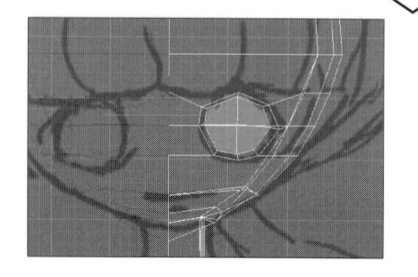

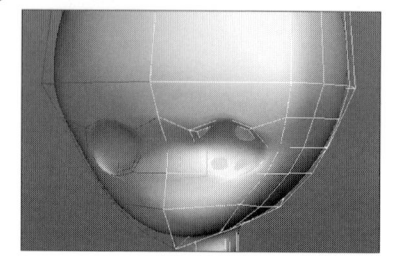

[3] 「瞼」を作ります。目の上半分の面を選択し、「ベベル(押し出し)」します。

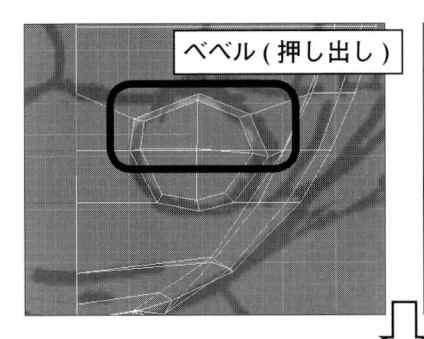

ベベル(押し出し)

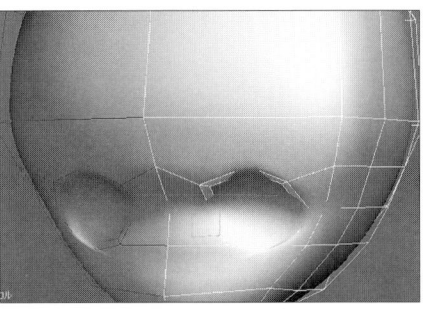

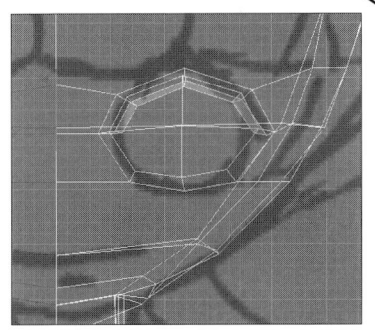

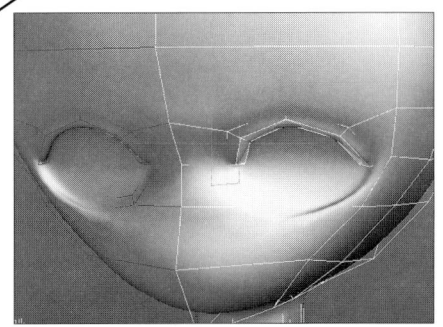

■「鼻」のモデリング

[1] 「鼻」に相当する箇所の頂点を移動。
　また、鼻側の目元の頂点をやや奥側にもぐり込むように移動させると「目元」の彫りが増します。

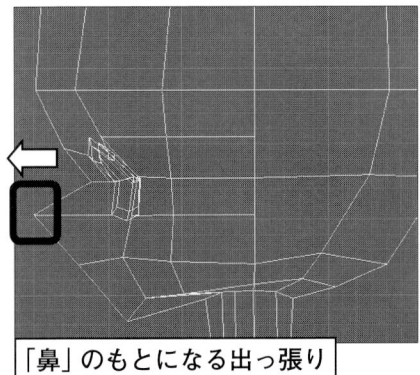

「鼻」のもとになる出っ張り

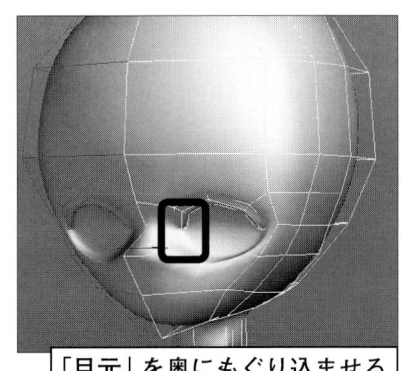

「目元」を奥にもぐり込ませる

[2]「鼻筋」を通すため、顔の前半分の面を次図のように切断。

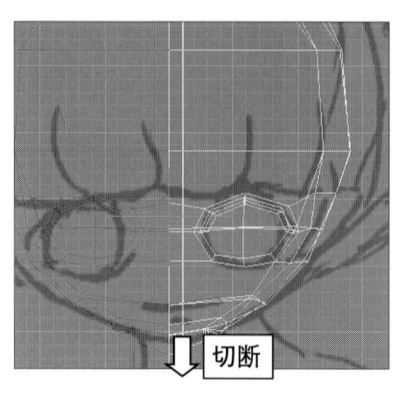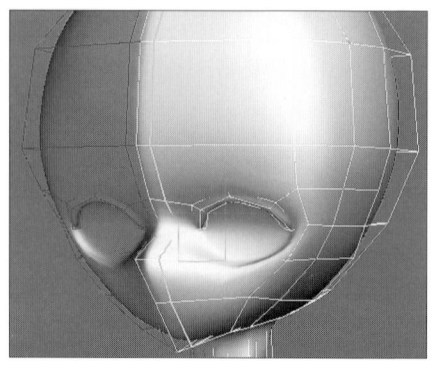

切断

[3] このままでは切断した稜線のエッジが目立つため、顔に沿った切断線になるよう、各頂点の位置を次図のように修正。

顔に沿った切断線に修正

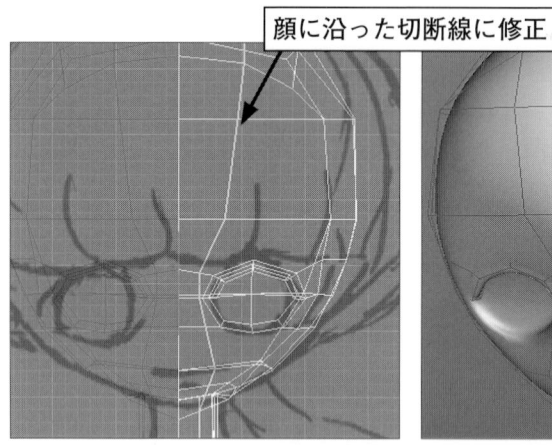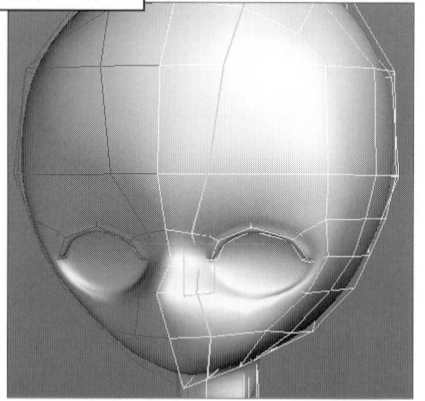

■ 眉毛のモデリング

本作例では、「眉毛」もモデリングします。

[1]「瞼」の上の面を選択し、細長い長方形状に面を切断。

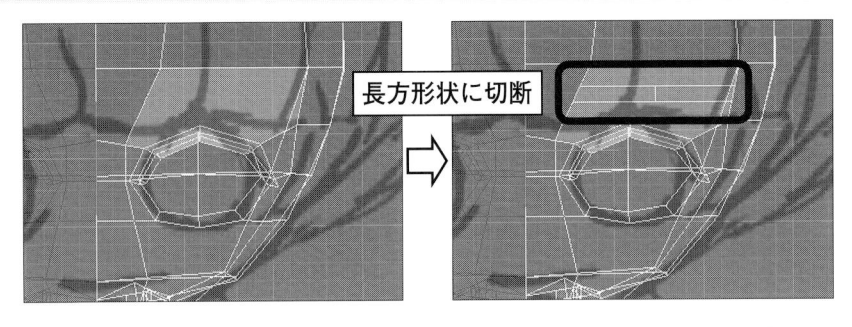

長方形状に切断

[2]「眉毛」として円弧状になるように頂点を移動。

[3]「眉毛」の面を一度ベベル（押し出し）して、立体感を強調す。

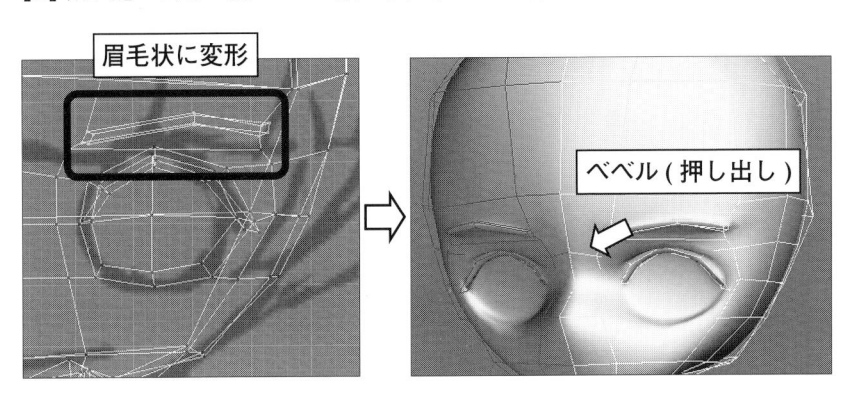

眉毛状に変形

ベベル（押し出し）

■ 口のモデリング

[1] 唇の「上端／下端」に相当する位置で面を切断。

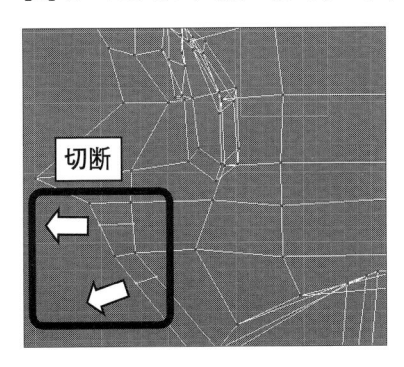

切断

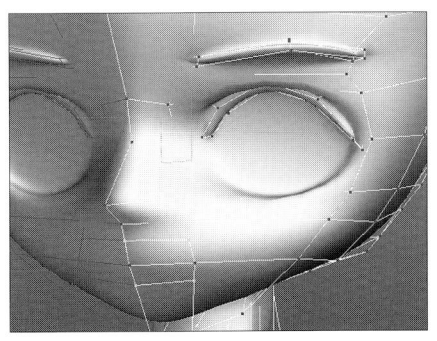

[2]「上唇」をベベル（押し出し）します。

ワンポイント

「ミラーリング」の境界線をまたいで「ベベル（押し出し）」するときは、一度、ミラーリングの解除（形状の実体化）[†]をします。

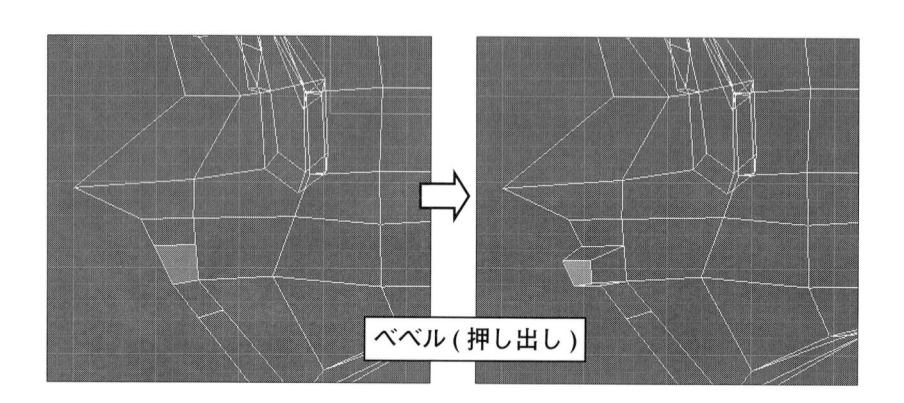

ベベル（押し出し）

[3] 続いて、下唇も「ベベル（押し出し）」します。
押し出し後は、再度「ミラーリング」[†]を実施。

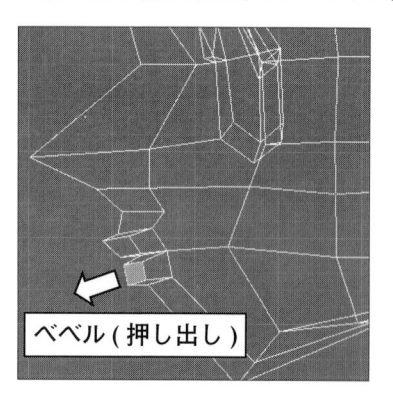

ベベル（押し出し）

[4] 口の形を整えるために、次図のように面の切断を追加します。
同時に、口と鼻とのつながりを自然にするため、鼻元も面を切断。

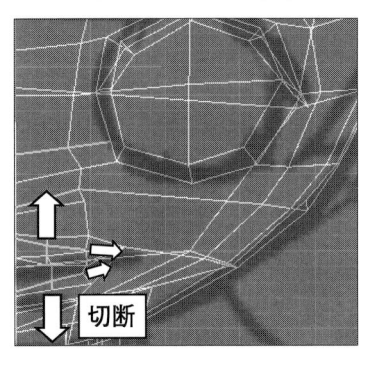
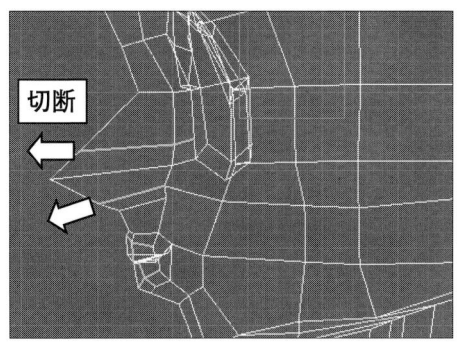

[5] 唇のラインが滑らかになるよう、頂点を移動して形を整えます。

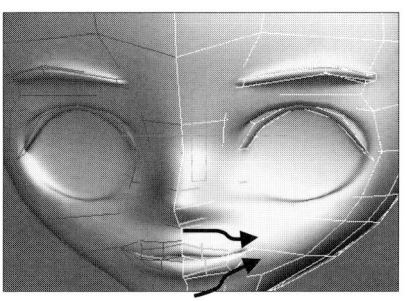

■ 耳のモデリング

[1] 顔の側面にて、耳の厚みに相当する位置で、面を切断。
[2] 切断して作られた面を「ベベル（押し出し）」します。

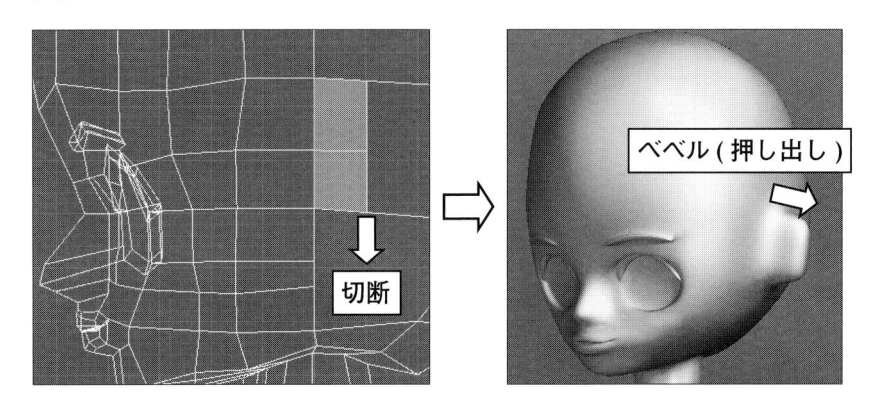

[3] 次図のように「耳」の正面側の面をベベル（押し込み）して、ひだ形状の元を作ります。

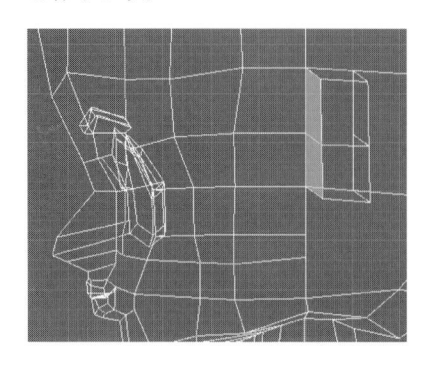
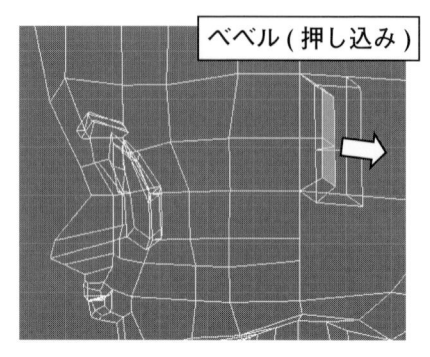

ベベル (押し込み)

[4] 「耳」の形に整えます。

　実物の「耳」は複雑な形をしているため、次図のようなラインを意識しつつも、デフォルメした形状としています。

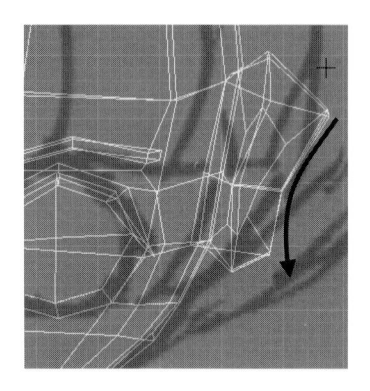
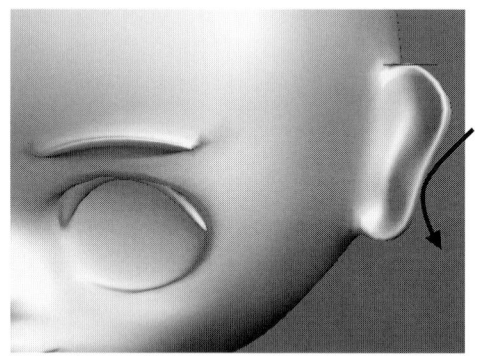

　「顔」の各パーツのモデリングは、以上になります。

2-4 テクスチャの設定① 〜UV展開〜

■ テクスチャを設定するための準備 〜UV 展開〜

ここで、モデリング作業を中断し、顔の「テクスチャ」(模様(ここでは「目」)が描かれたシールのようなイメージ)を設定します。

キャラクターの顔は、モデリングの途中段階でテクスチャを貼ることで印象が大きく変わります。そのため、早い段階でモデルの修正点が見つかる場合があります。

「顔」のように複雑な形状にテクスチャを貼り付ける場合、事前に「UV」を展開します。「モデルの頂点位置」と「テクスチャの座標情報」を関連付けた「UV」によって、形状に合わせてテクスチャを貼ることができます。

たとえば、統合パレットの「表面材質」ウインドウだけで、「目」が描かれた顔のテクスチャを貼るのは難しいです。

そこで、UV展開をすればモデルに合わせてテクスチャを簡単に貼ることができます。

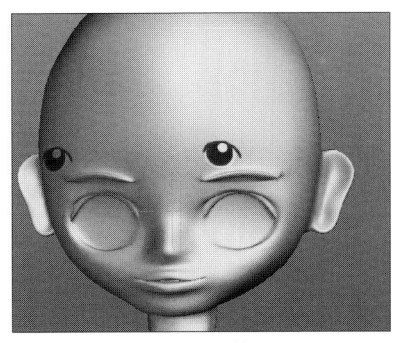

UV 展開前

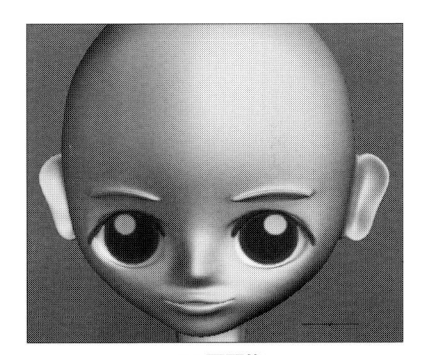

UV 展開後

「UV」展開は難しいという印象をもつ方もいるかもしれません。応用範囲はとても広いですが、本作例のような顔のUV展開であれば、とてもシンプルな操作でできます。身構えずに、ぜひ挑戦してください。

> ※ なお、テクスチャはモデリング作業がすべて終わってから、まとめて貼り付けてもいいです。
> その場合は **5 章** で表面材質の設定を行ないます。そこで [2-4][2-5] を読み返してください。

■ 顔の UV 展開

顔の UV を展開します。

[1] モデルすべての面を選択します（①）。

[2] 正面図左上の②メニューから②'「UV」を選択。すると、UV編集画面になり、顔のUVが表示されます。

> ※ 何も表示されない場合は、②で選択したメニューの右隣にあるメニューが、③「UV1(距離補正)」になっていることを確認してください。
>
> 　別の表示になっている場合は、メニューをクリックして「UV1(距離補正)」に変更してください。

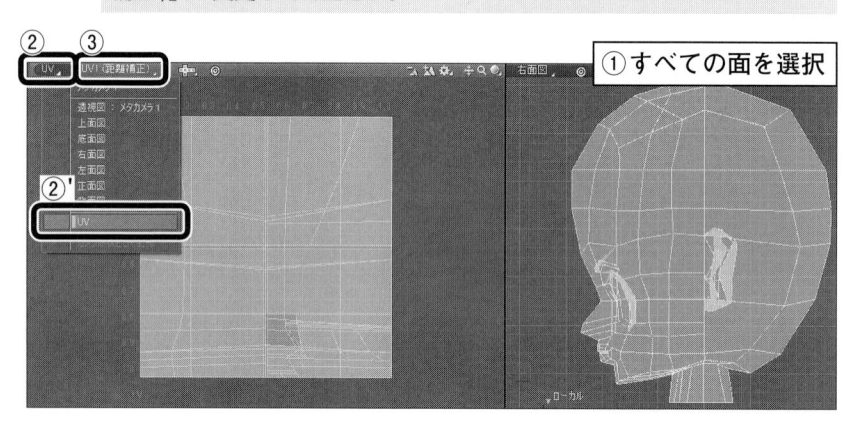

[3] メニューより、「④ツール→⑤UV→⑥UV作成」の順に選択。

[4] ツール・パラメータにて、「⑦投影UV作成→⑧正面図」の順に選択。

[5] ⑨「全ての面を展開」を選択すると、正面図から見た状態の顔のUVが展開されます。

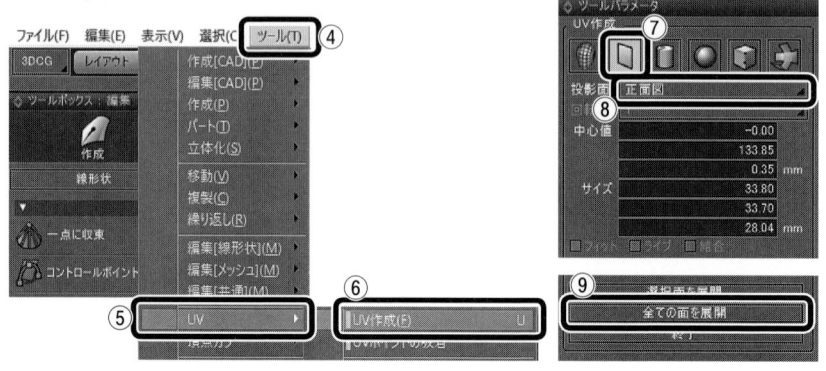

2-5 テクスチャの設定② ～顔のテクスチャ作成～

■ UV画像の出力

　顔のUV情報が展開されたことで、次図（左）のように表示されているはずです。

　UV情報に合わせた顔のテクスチャ（次図（右））を作ります。

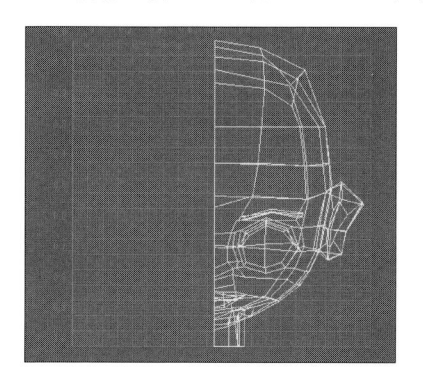 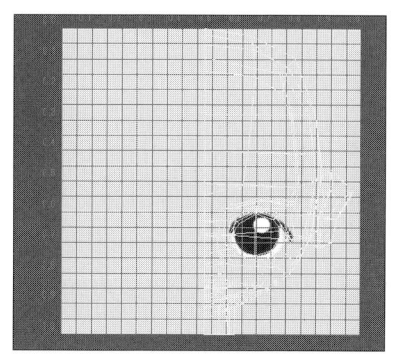

　顔の中心がUV編集画面の中心からズレている場合は、マニピュレータを使って位置をズラしましょう。

　全体の位置をズラすため、すべての面を選択した状態とします。

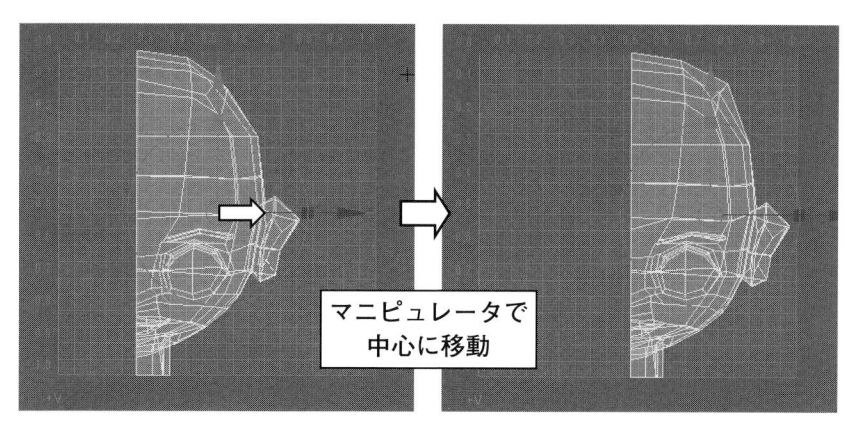

マニピュレータで
中心に移動

　UVを「テンプレート」としてテクスチャを作るため、UV情報を画像として保存します。

　UV編集画面内を右クリックすると表示されるメニューから、「UV画像ファ

イル出力」を選択します。

　ツール・パラメータ内の値は変更せず、「出力」ボタンを押します。「顔UV画像」として任意のフォルダに保存します。画像形式は「PNG」がよいです。

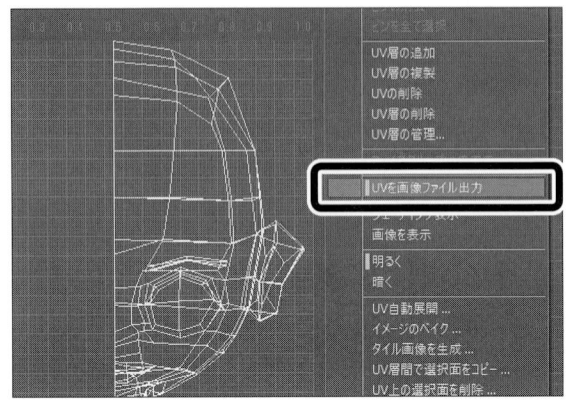
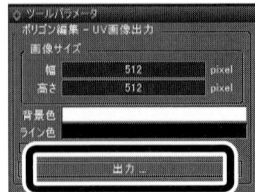

■ テクスチャの作成環境

　テクスチャは「Shade3D」では作れません。そのため一時、「Shade3D」の作業は中断します。

　テクスチャは、OS標準のペイントソフトでも作成できますが、作業効率が悪いため、専用のペイントソフトをお勧めします。市販品の中で代表的なものは、Adobe社の「Photoshop Elements」があります。

　フリーソフトでは、フェンリル社の「PictBear」(https://www.fenrir-inc.com/jp/pictbear/)や、「GIMP」(https://www.gimp.org/)があります。

　その他のソフトでも、「レイヤー」が扱えるペイントソフトであれば、使い慣れたものを使っても大丈夫です。

　本書では、「PictBear」を使った場合を例に紹介します。他のペイントソフトでも手順は同様です。

ワンポイント

　本格的なテクスチャの作成に挑戦される場合は、ペンタブレット（ペン形状をしたマウスのような入力機器）があると便利です。

　一方、手書きが苦手な方でも、標準の円形状や線形状を組み合わせるだけでもテクスチャは作れます。

　本書ではペンタブレットがなくても作れる手順を紹介します。

■ 顔のテクスチャ作成

[1] 前項で出力した①顔UV画像をペイントソフトに読み込みます。

　さらに、②新規レイヤーを追加します（レイヤー名を「肌色」としました）。

[2]「顔UV」レイヤーは、「肌色」レイヤーの上に重なるように、③順番を入れ替えます。「PictBear」の場合は、「顔UV」レイヤーを右クリックし、③'「レイヤーから背景へ」を事前に実施します。

[3] ④顔UVのレイヤー属性を「乗算」に変更します。

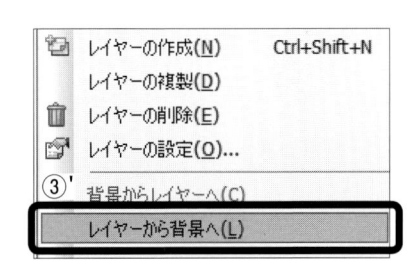

[4]「肌色」レイヤーを、肌色で塗りつぶします。色をRGBで指定できる場合は、色成分は「252/234/206」としています（次図左）。

　「顔UV」レイヤーを「乗算」としているため、UV画像はテンプレートとして「肌色」レイヤーの上に残すことができています（次図右）。

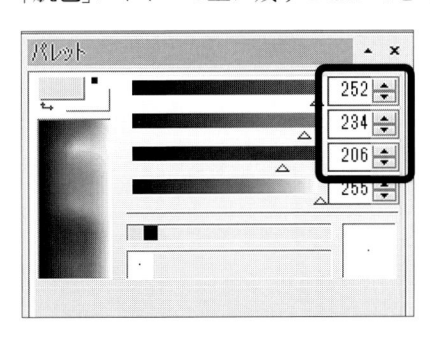
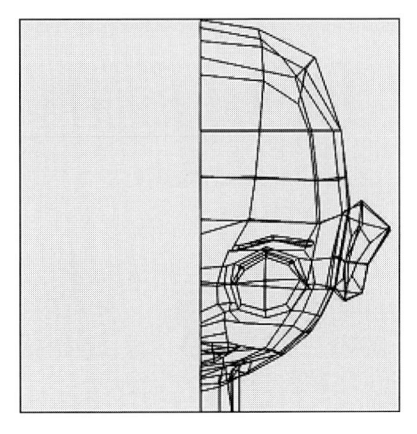

[5]「肌色」レイヤーの上に、新規レイヤーを作ります。名称を「白目」としています。

目の輪郭に合わせて、白色で塗りつぶします。
マウスを使ってのフリーハンドや、円図形の描画ツールを使ってもいいです。

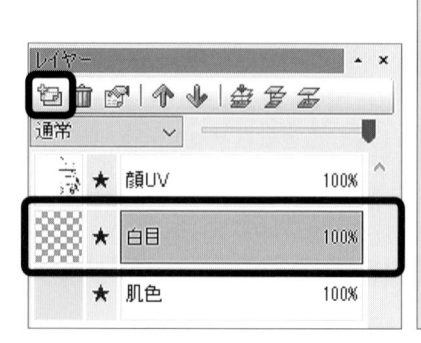

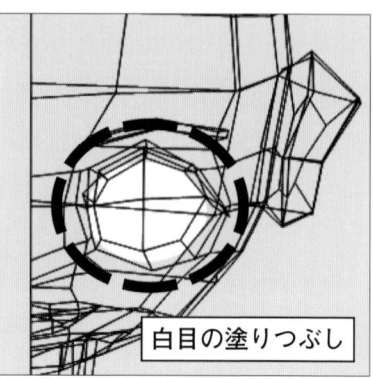

白目の塗りつぶし

[6]「白目」レイヤーの上に、新規レイヤーを作ります。
　名称を「色目」としています。黒目に相当する部位です。

> ※ 本作例では緑がかった色をイメージしています。これはキャラクターイメージに合わせて自由に選色してください。

　白色の上から円形に塗りつぶします。マウスを使ってのフリーハンドでもよいですが、円図形の描画ツールを使ったほうがきれいに描けます。

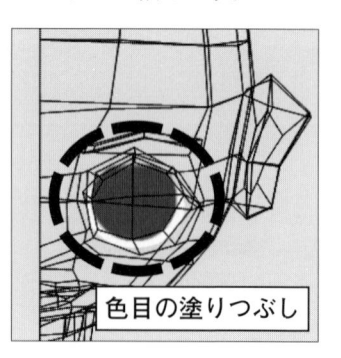

色目の塗りつぶし

[7]「色目」レイヤーの上に、新規レイヤーを作ります。
　名称を「瞳」としています。「色目」レイヤーよりも濃い(黒っぽい)色にするといいです。

　色目の上から円形に塗りつぶします。

　マウスを使ってのフリーハンドでもいいのですが、円図形の描画ツールを使ったほうが綺麗に描けます。

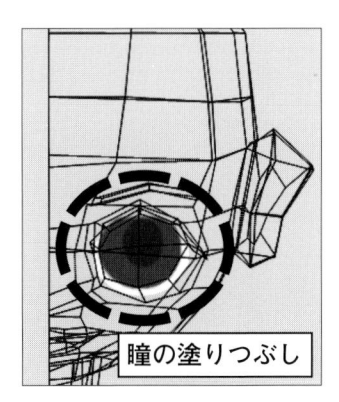

瞳の塗りつぶし

[8] 同様の手順で、レイヤーを追加しながら、「瞳のハイライト」(白色の円形)や、「眉毛」「まぶたの陰影」「唇の色」を描き込みます。

　これらは、マウスによるフリーハンドで描画してもいいでしょう。

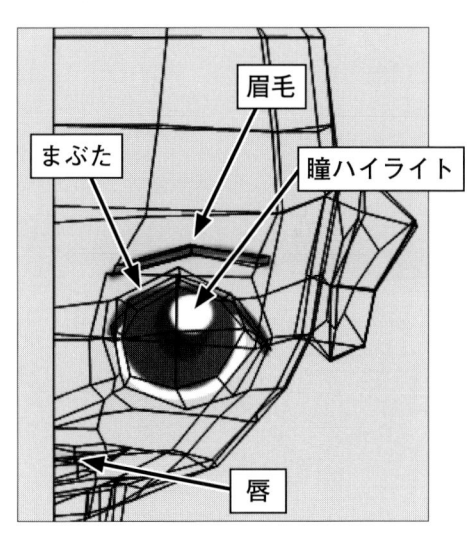

[9] 最後に、「すべてのレイヤーを結合」します。

　まず、「顔UV」レイヤー名横にあるアイコン(PictBearでは星マーク)をクリックし、非表示にします。

　任意のレイヤーを右クリックして出てくるメニューより、「画像の結合」を選択します。

これで、顔UVを除くすべてのレイヤーが結合されました。これを「顔のテクスチャ」として保存します。画像形式は「PNG」がいいです。

クリックして
非表示

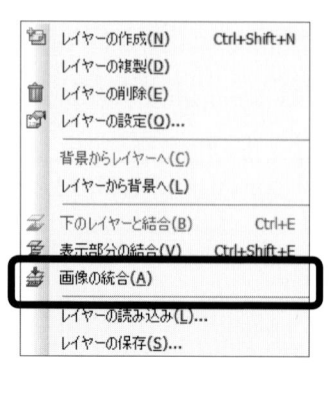

■ テクスチャのクオリティアップのポイント

　顔のテクスチャをさらにクオリティアップさせるノウハウは膨大なため、それだけで1冊の本にできるほどです。

　本書ではその中で、効果的なポイントを紹介します。

ポイント① 輪郭をボカす

円図形や手書きのテクスチャは、輪郭がギザギザしてしまいがちです。

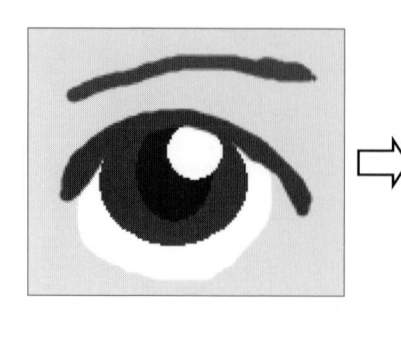

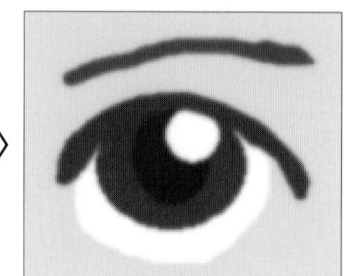

　一般的な、ペイントソフトのフィルタには、「ぼかす」機能があります。

　やりすぎはよくないですが、多少（「PictBear」の場合、フィルター内にある「ぼかし（弱）」）全体の輪郭をボカして、柔らかくするといい場合があります。

　ペイントソフトによっては「ガウスぼかし」という名称のぼかし機能があり、より効果的にボカすことができます。

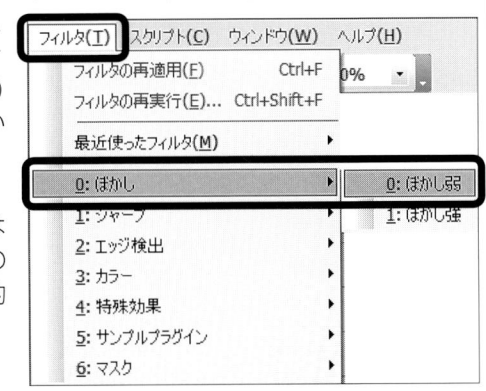

ポイント② レイヤーで重ねて陰影を出す

　テクスチャの中に陰影を描き込むことで、立体感や透明感が生まれます。

　「描きこむ」といっても手書き（マウス）で複雑なものを描くという意味ではありません。
　目の場合は、「一回り大きい / 小さい」円図形をレイヤーで重ね合わせます。
　重ね合わせる図形は「周囲に比べて明るい / 暗い色」にするのがポイントです。

　さらに、レイヤー属性は「オーバーレイ」とします。
　[ポイント 1] の「ぼかし」と組み合わせると、お手軽なのに対して、ぐっと立体感や透明感が生まれます。

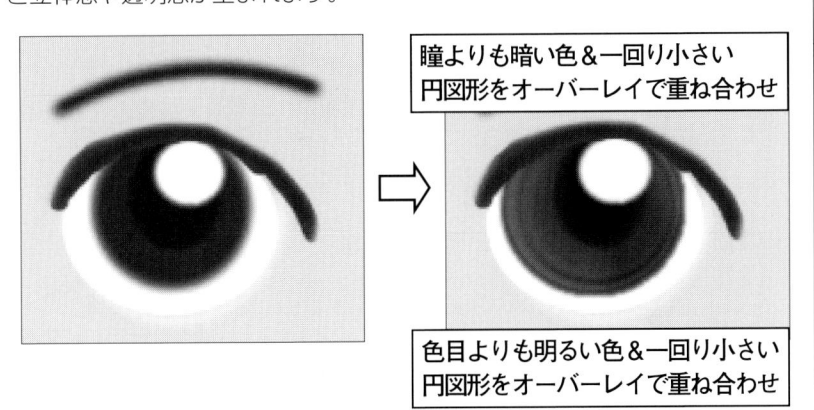

瞳よりも暗い色＆一回り小さい
円図形をオーバーレイで重ね合わせ

色目よりも明るい色＆一回り小さい
円図形をオーバーレイで重ね合わせ

　「眉毛」や「唇」の場合は、線形状またはフリーハンドで描いた線を同様に、オーバーレイで重ねてみましょう。

　最後に、「顔UV」を非表示にして、その他のレイヤーをすべて結合します。これで顔のテクスチャが完成しました。PNG画像として保存します。

2-6 テクスチャの設定③ 〜テクスチャの貼り付け〜

■ 顔テクスチャを貼り付け

「Shade3D」の作業に戻ります。

① 統合パレットより、「表面材質」ウインドウ†
を選択します。

② 「作成」ボタンを押します。

③ イメージ領域を右クリックします。メニュー
より「読み込み」を選択し、前項で作成した
テクスチャを読み込みます。

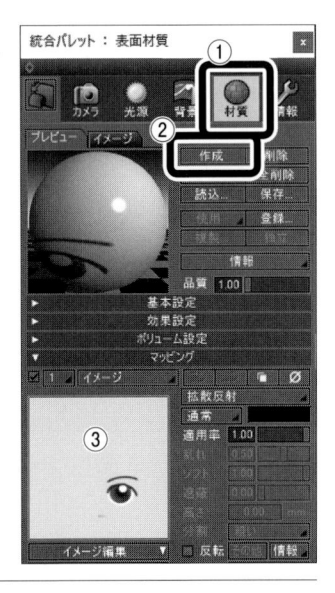

UV編集画面の右上にある④メニューアイコンから展開し、⑤「画像を表
示」を選択すると、テクスチャが表示されます。

顔UVが白色線の環境では、テクスチャを表示すると見えにくい場合があり
ます。

そんなときは、メニューアイコンより「暗く」を選択します。

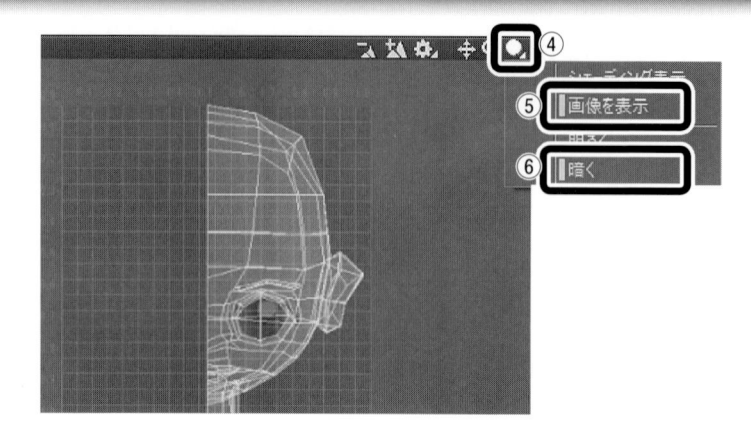

　透視図の表示設定が「テクスチャ」[†]になっていると、顔形状にテクスチャが貼られた状態で表示されます。

ワンポイント

> 　モデルに対して目テクスチャ位置がズレている場合は、UV 編集画面にて、マニピュレータを使って顔 UV 位置を微調整しましょう。

　なお、後頭部にも顔のテクスチャが表示されます。これは顔の裏表で共通のテクスチャが適用される UV 配置になっているためです。
　本作例では「髪の毛」で隠れてしまうため、UV 配置はこのままにします。

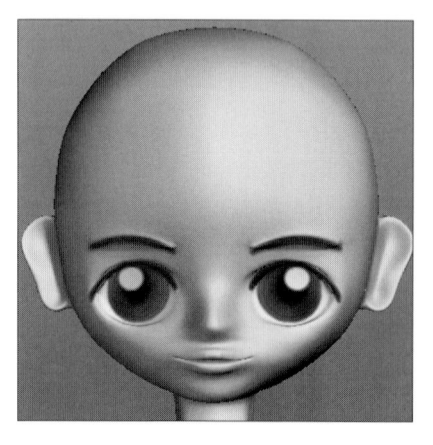

　これで「顔」の完成です。

2-7 「髪」の作成

■ 髪の表現方法

3D-CGにおける「髪の毛」の表現にはいくつか方法があります。

(A) 薄い板状のポリゴンに、「髪の毛」のテクスチャを貼り付ける

リアルな人物を表現するときに有効

(B) 房状のポリゴンを組み合わせてモデリング

デフォルメされたキャラクターを表現するときに有効

(C) プラグインの「ヘアサロン」を使う

> ※ ヘアサロンは「Standard」以上のグレードで利用できます。

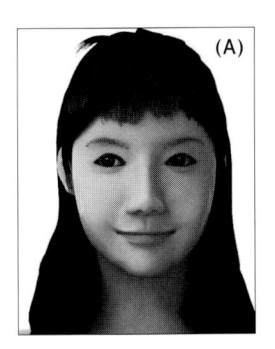 (A)
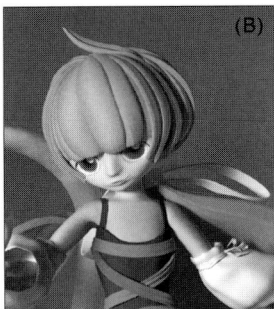 (B)
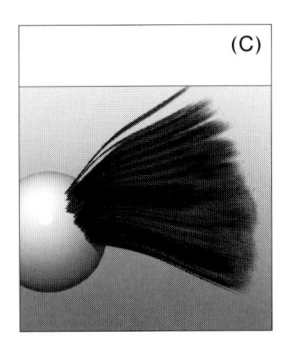 (C)

本書ではフィギュア調のキャラクターを作るため、(B)の表現方法を採用します。

■「髪の毛」の元をモデリング

「髪の毛」の基本モデルにするため、「ポリゴン」の「直方体形状」を作ります。

---

[1] ツール・パラメータに表示される「サイズ」および「高さ」の欄には「10mm」を入力し、一辺が10mmの直方体形状を作ります[†]。

[2] 直方体形状に「サブディビジョン・サーフェス」[†]を適用し、角を丸めます。

[3] 直方体形状を、額の前方まで移動します。

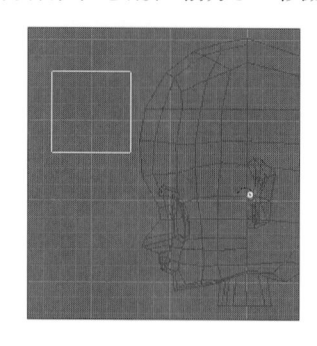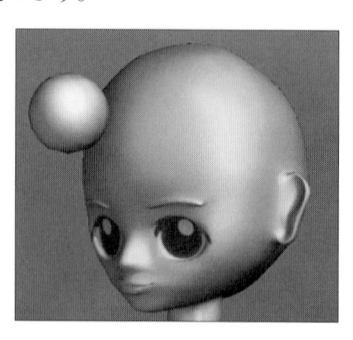

[4] 直方体の各面を切断しつつ、次図のように変形させます。両側面を少し膨らんだように変形させて、丸みを出すのがポイントです。

[5] さらに、毛先部分に「稜線のシャープ」[†]を適用すると、「髪の毛」らしさが増します。

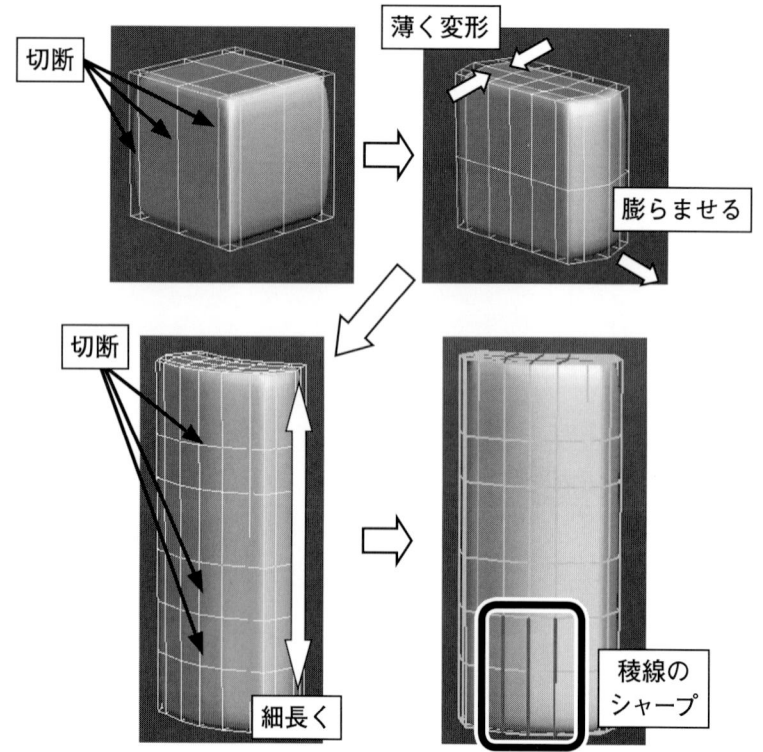

■ 髪の UV 展開

　ここまで出来たら、後工程での表面材質の設定を楽にするため、髪モデルの
UV展開をします。

　UVを展開するタイミングとして、
筆者は以下を目安にしています。

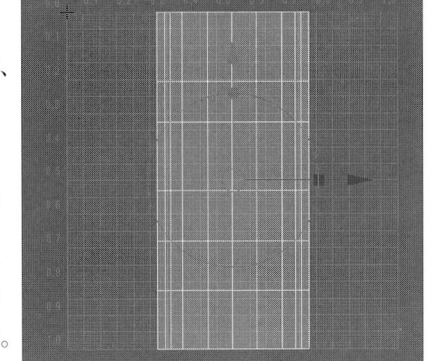

・モデルの「形」を変形させる直前
・「面の切断」や「ベベル」による新たな
　頂点がこれ以上発生しない段階

　[2-4]の同様の手順で、投影UV作
成から「正面図」のUVを展開します。

■ テンプレートに沿って髪を配置

　髪モデルをテンプレートに沿って配置します。
　マニピュレータ[†]/頂点の移動コマンド[†]の「直線移動」や「回転移動」「拡
大」を使って、形を整えましょう。

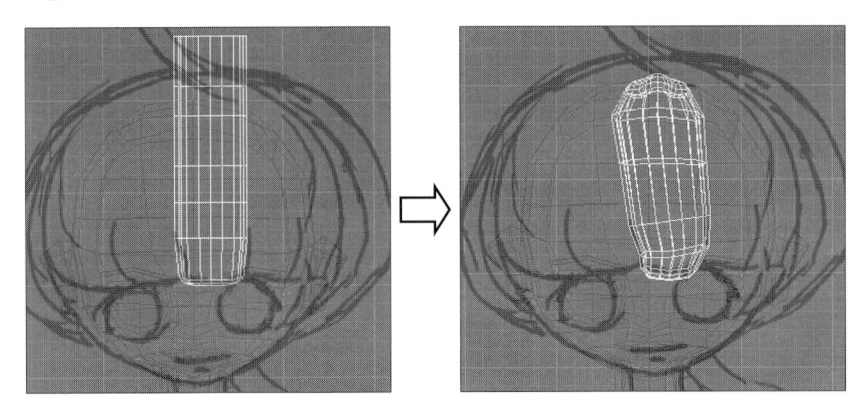

　「毛先」と「根本」の部分は、少し幅を細めるように変形させるのもポイント
です。

横から見たときは、額や頭に沿うように、曲面状に変形させます。

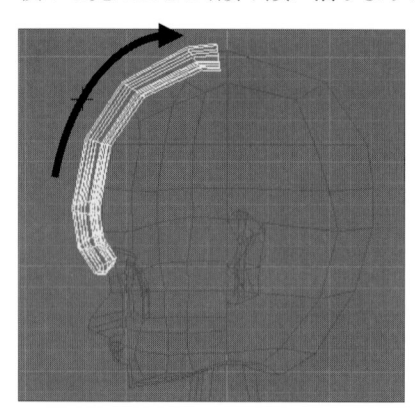 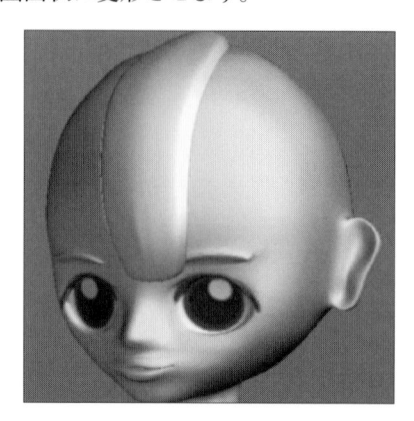

■ 複製して髪を追加

前項までの髪モデルを基本形状として、複製しながら配置します。

複製操作は、「ツールボックス」内の「作成」メニュー下部にある「複製」より選択します。本書でよく使う操作は下記3種です。

直線移動	対象形状を直線移動しながら複製する
回転	対象形状を回転移動しながら複製する
数値入力	左右対称に複製したい場合によく利用する

「オブジェクトモード」[†]かつ、髪モデルが選択された状態で、「複製」の中の「回転」を選択します。

上面図で、回転中心(ここでは頭の中心)をクリックします。マウスでドラッグすると、髪モデルが複製されます。

　複製した髪は、元の形状に対して少し拡大/縮小変形して配置します。

　まったく同じモデルが単調に並んでいるよりも、この小さな変化が完成したときの印象に良い影響を与えるためです。

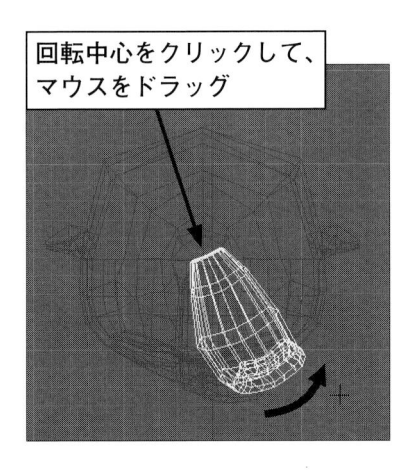

回転中心をクリックして、マウスをドラッグ

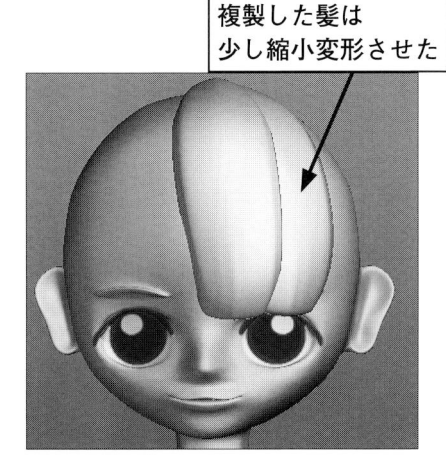

複製した髪は少し縮小変形させた

　髪モデルの「回転複製」を繰り返して、頭を覆うように配置します。

　後頭部に回るにつれて、少しずつ髪モデルを拡大・伸ばすよう変形しています。

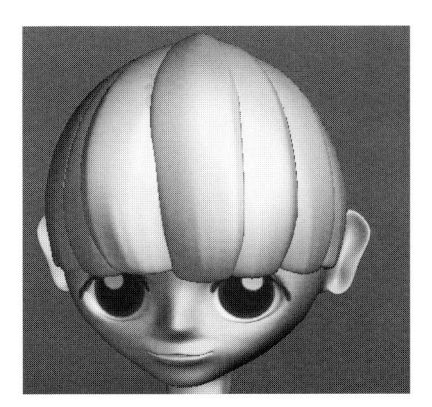

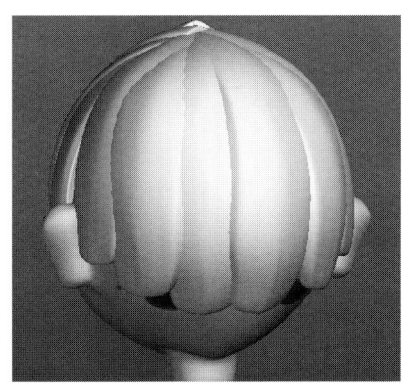

ワンポイント

　顔の左半分に髪を配置したら、右半分は「ミラーリング」[†]してもかまいません。

　一方、複製を多用すると単調になりがちなため、今作ではすべての髪モデルを1つ1つ複製し、微妙な変化を付けました。

■ ブラウザ内の整理

　ここまでの時点で、ブラウザ内には髪モデルがたくさんあり、煩雑な表示になっています。そこで、ブラウザ内を整理します。

＊

　ツールボックスの「パート」メニューから、「パート」を選択します。

　すると、ブラウザ内に「パート」が作成されます。パートはモデルデータをまとめるフォルダのようなものです。これ自体は実体をもちません。

　ブラウザ内で髪モデルを選択し、パートへドラッグします。すべての髪モデルをパート内に格納しましょう。

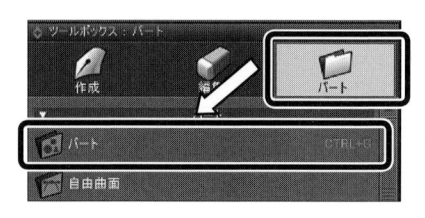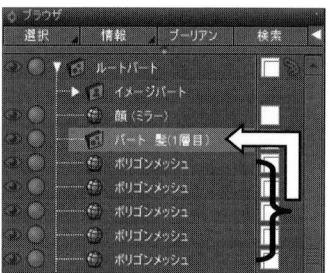

　ここで、ブラウザの利用方法を補足します。

---

① **目のアイコン**：クリックするとモデルの「表示／非表示」を切り替え

② **丸いアイコン**：クリックするとレンダリング時の「表示／非表示」を切り替え

③ **モデル名をダブルクリック**：モデル名称を変更

④ **ブラウザ右側の領域を右クリック**：表示情報の変更

※ 慣れるまでは「拡散反射色」と「バインド」のみチェックで OK

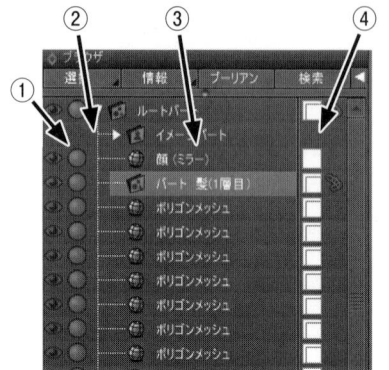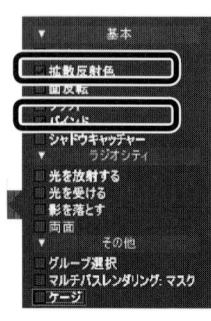

■ さらに髪を複製して配置（2層目）

一番手前の前髪を「直線移動による複製」†します。次図のように細長く、毛先が尖った形になるように形状編集します。

これを基本形状とし、髪の2層目として配置していきます。

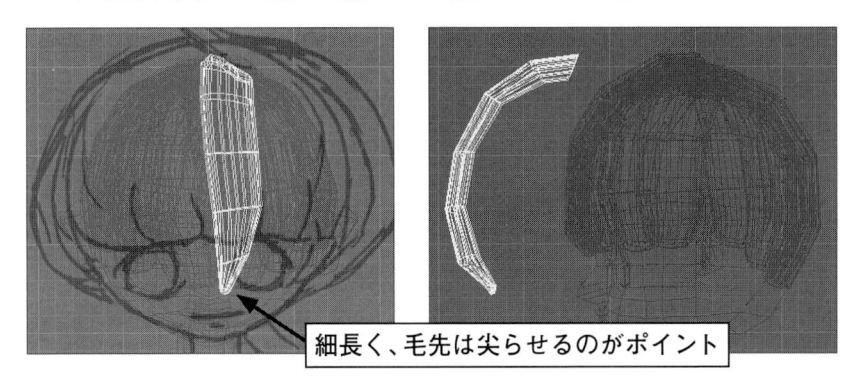

細長く、毛先は尖らせるのがポイント

2層目の髪は、顔の横かつ目元にかかる位置に配置します。ここから、「回転複製」を繰り返して、頭を覆うように配置します。

顔の側面の髪は、短めで、横に膨らむように形状を変形しています。

以降は後頭部に回るにつれて、少しずつ髪モデルを拡大・伸ばすよう変形しています。

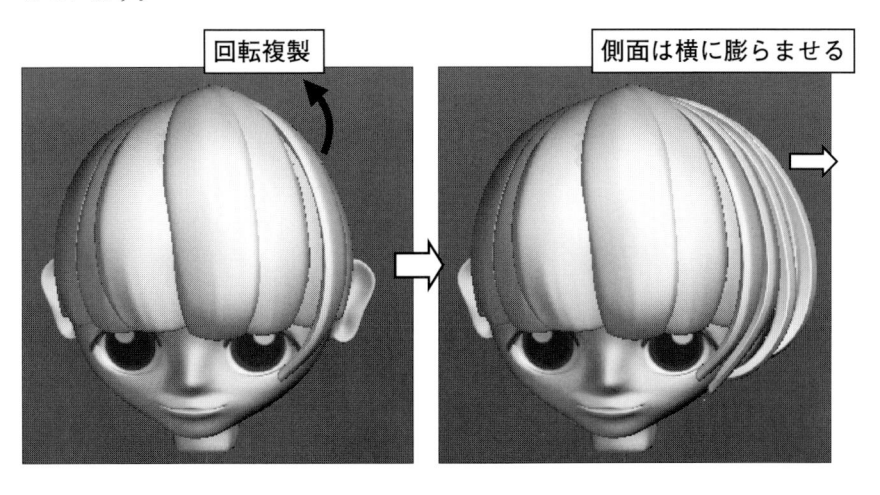

回転複製　　　側面は横に膨らませる

後部は少しずつ拡大・伸ばす

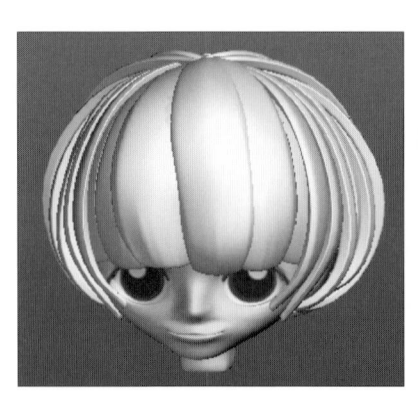
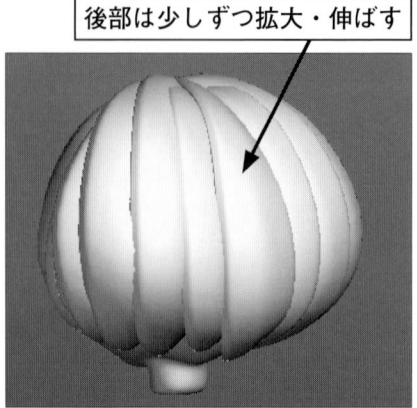

　ブラウザ内には新規パート†（名前例「髪（2層目）」）を作り、本項で作ったモデルを格納しましょう。

　メインの「髪の毛」はこれで揃いました。ここまでくると、グッとキャラクターの顔っぽくなってきました。

■ アホ毛の追加

　アクセントとなる「髪の毛」を追加します。1つ目は通称「アホ毛」と呼ばれる、頭上に飛び出した「髪の毛」です。

　「アホ毛」は、前項で作った細長い「髪」モデルを複製して、流用します。
　回転/直線複製した「髪」モデルの形状を、次図のように変形して配置します。

複製して流用

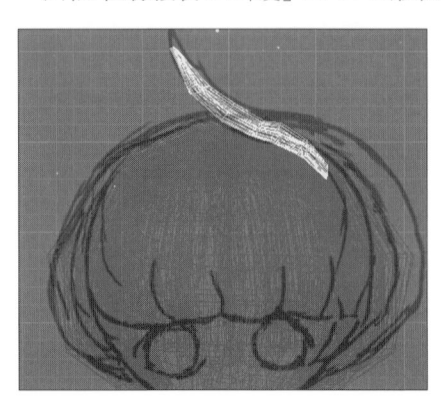

■ 後ろ髪の追加

最後に、大きな「後ろ髪の房」を作ります。

[1] 前項までの「髪の毛」モデルと同様に、「ポリゴン」の「直方体形状」を作成†。

[2] 直方体形状に「サブディビジョン・サーフェス」†を適用し、角を丸めます。

[3] 次図を参考に直方体形状の面を分割し、細長く伸ばす。
また、この時点でUV展開（投影UV作成 / 正面図）。

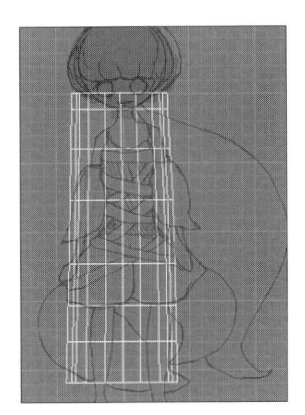 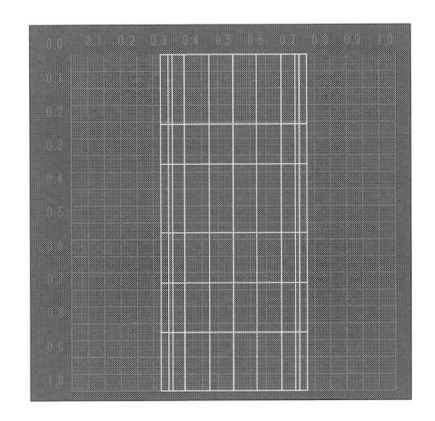

[4] 直方体形状を平べったく、先端および根本に向かうにつれて細くなるよう変形。
また、側面から見たときに、円弧状になるように変形。

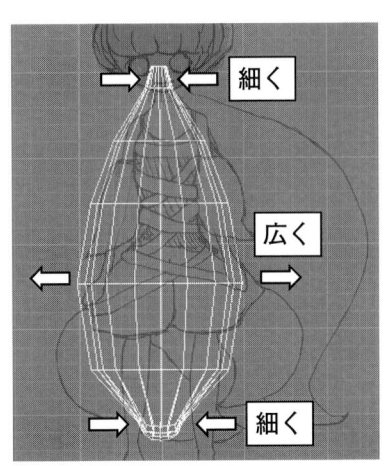 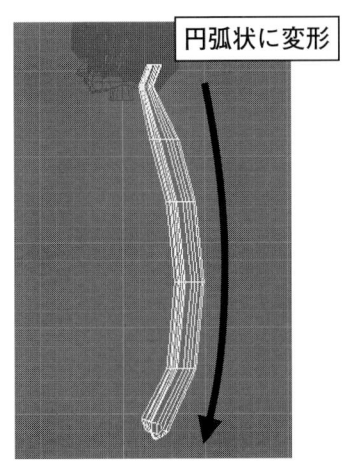

円弧状に変形

細く
広く
細く

[5] 後ろ髪モデルの縁の稜線と、中央の筋にあたる稜線を選択。

「稜線のシャープ」[†]を適用すると、縁が鋭角になり、「髪の毛」形状としてのメリハリが増します。

中央の筋については前後に凹凸となるよう位置を移動させることで、よりシャープが強調されます。

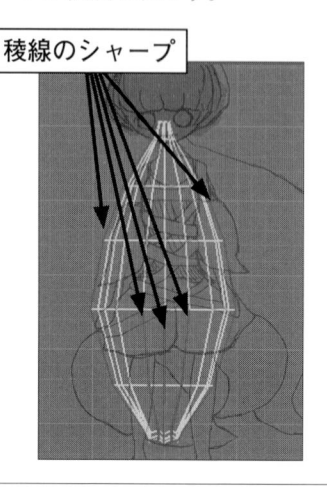
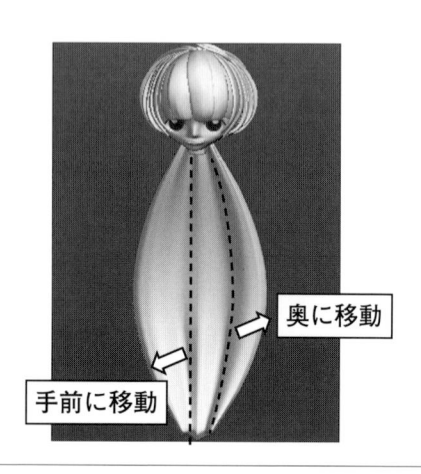

以上で、「髪」のモデルは完成です。

なお、次項の「体の作成」作業では「後ろ髪」が邪魔になるため、当面はブラウザから非表示[†]にします。

2-8 「体」の作成

■「体」のモデリング

「体」は、顔モデルを編集して作ります。顔モデルに「ミラーリング」が適用されている場合は、事前に「形状を実体化」[†]してください。

また、首元に面が張られている[†]ことを確認してください。

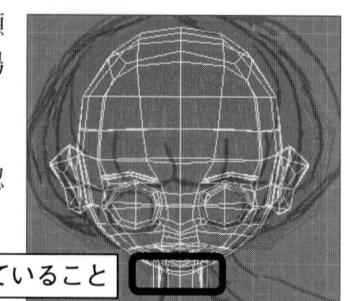

面が張られていること

[1] 首元から「ベベル(押し出し)」[†]を繰り返して、体の形を作ります。

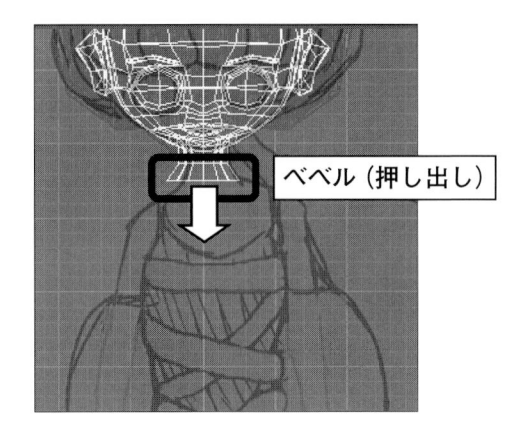

ベベル(押し出し)

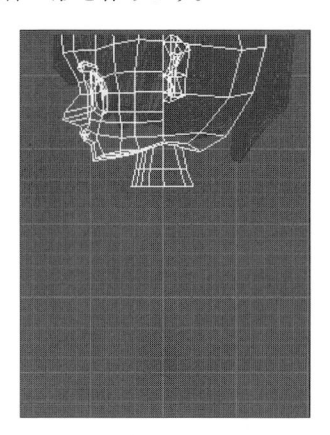

[2] テンプレートに沿って、体のライン(くびれ)を意識しながら押し出していきます。

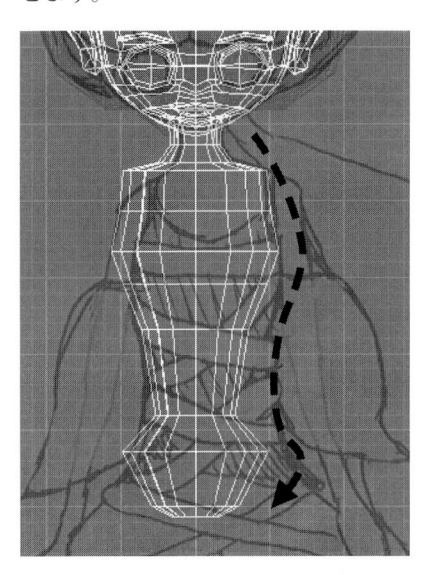

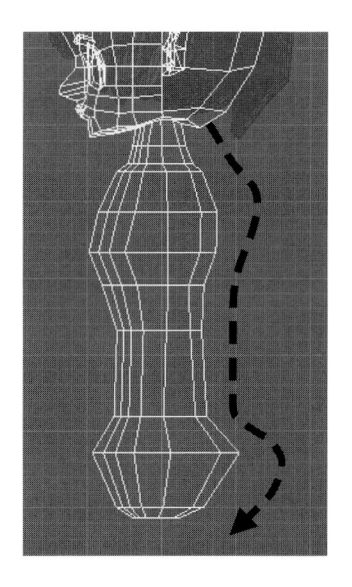

なお、厳密にテンプレートに沿ってベベル(押し出し)する必要はありません。

[3] 徐々にバランスを整えます。

　胸元や腰、お尻は丸み(膨らみ)をもった形で、首から肩の接続部は、やや平らなラインにするとバランスが良くなります。

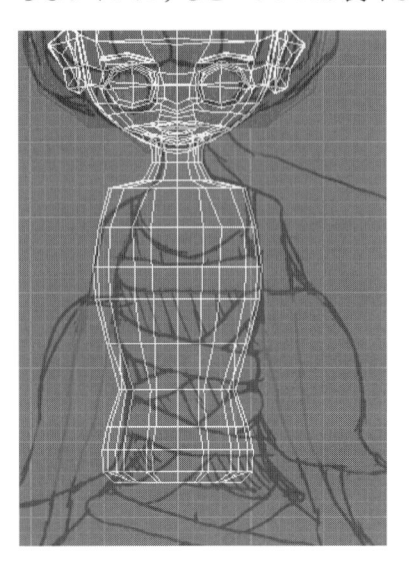
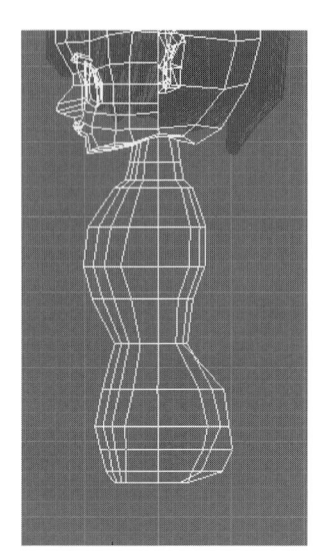

[4] ここまでできたら、また顔(+体)モデルに「ミラーリング」†を適用します。

[5] 腕の付け根の形を整えます。整えた個所から、「ベベル(押し出し)」し、押し出した面を水平方向に分割します。

　側面から見たときに、腕の断面が六角形状になるよう、形を整えます。

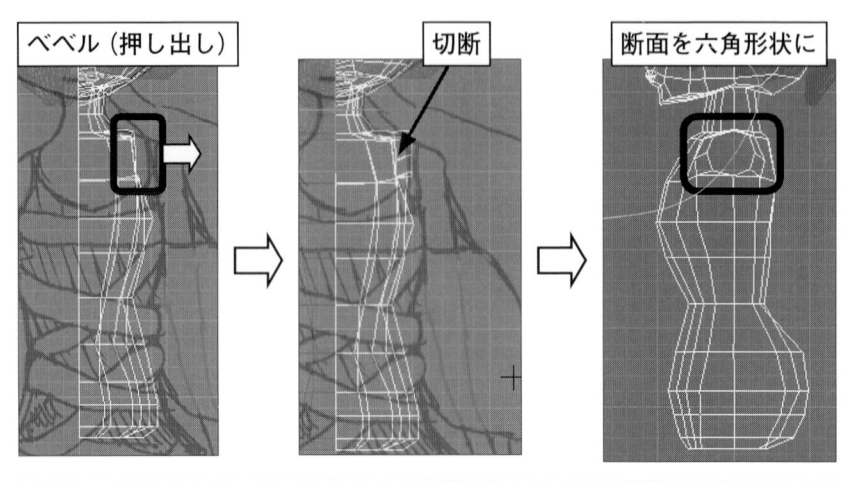

体の作成作業はここまでです。

 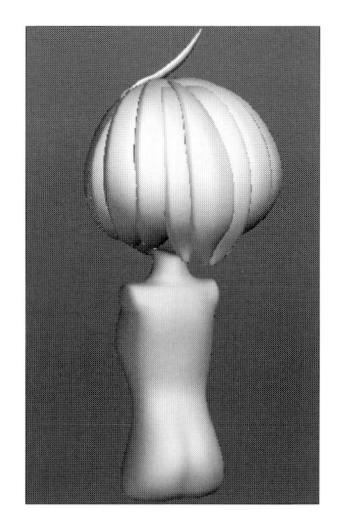

2-9 「腕」「手」の作成

■「腕」のモデリング

[1]前節で腕の付け根を作ったため、そこからさらに「ベベル(押し出し)」†し
ます。

　「肘」や「手首」はやや節ばっているため、その膨らみを意識しながら押し
出し。

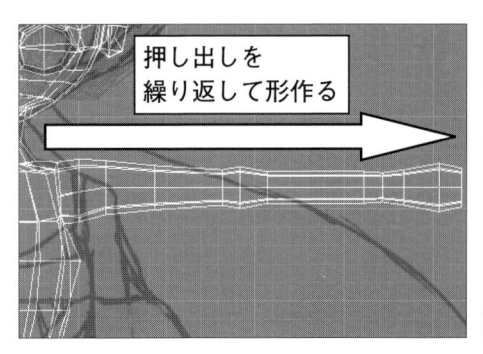

押し出しを
繰り返して形作る

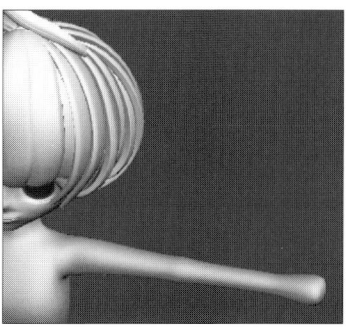

[2] 脇の下にはくぼみができるように、肩の付け根は少し膨らみをもたせるように形状編集（頂点を移動）。

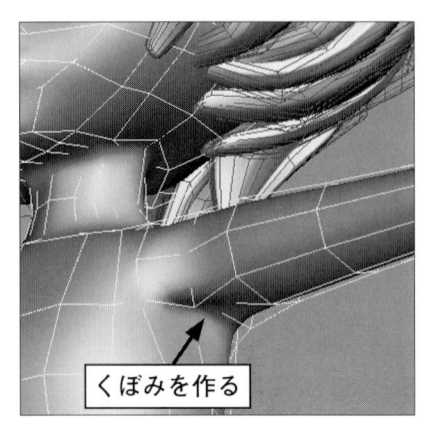
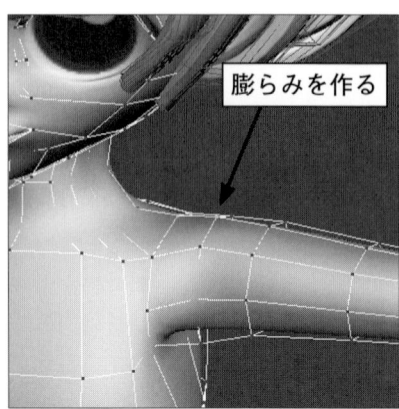

膨らみを作る

くぼみを作る

[3] 腕の頂点をすべて選択。
テンプレートに合った腕の長さになるよう、腕の頂点を回転移動。

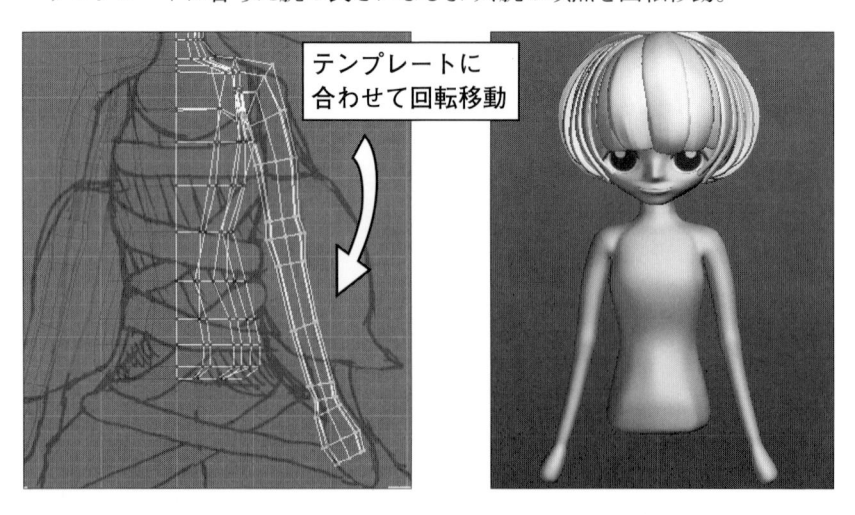

テンプレートに合わせて回転移動

■「手のひら」のモデリング

前項で「ベベル（押し出し）」した腕の先端を、「手のひら」にします。

[1] 正面図では薄くなるように、頂点を移動するなどして変形させます。

「拳の骨」を少し隆起させるよう、また、「くの字型」になるように変形させます。

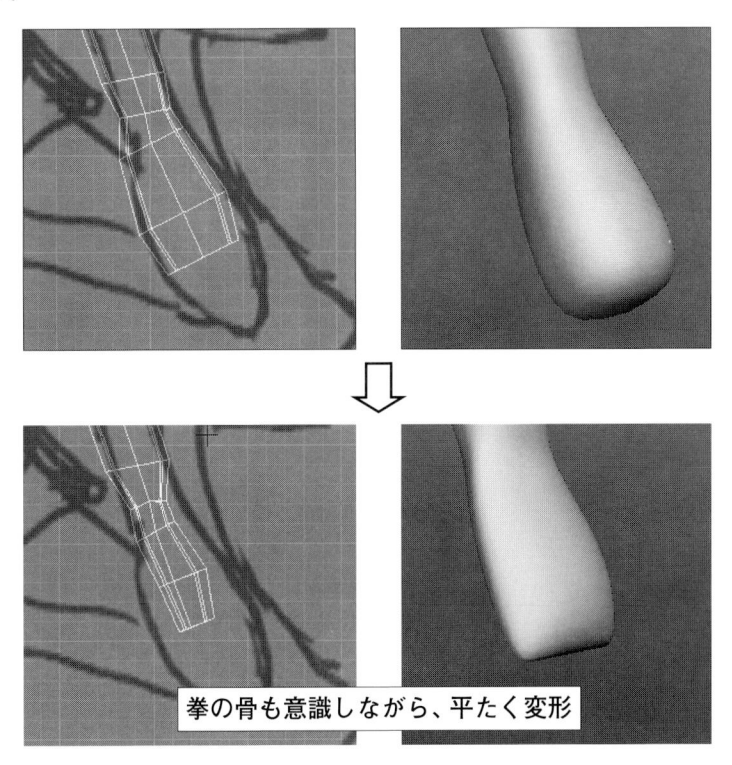

拳の骨も意識しながら、平たく変形

[2] 「指」として「ベベル（押し出す）」ため、「手のひら」の先端の面を次ページの図のように「切断」[†]します。

4本の指を作れるように、ざっくりと4つの領域になるよう切断しています。

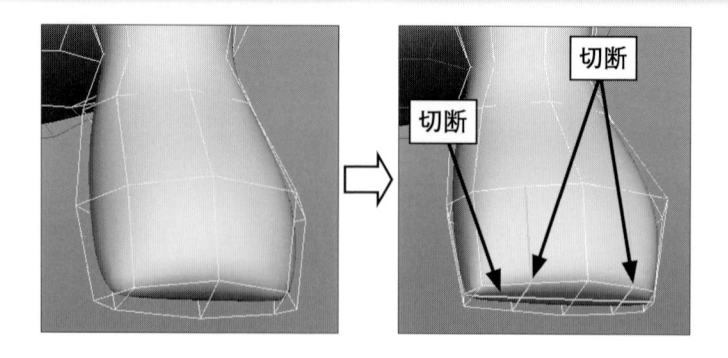

ワンポイント

　面の選択や切断を透視図内で思った通りに操作ができない場合や、透視図の視点を変えたくない場合は、四面図内の視点を回転[†]させましょう。

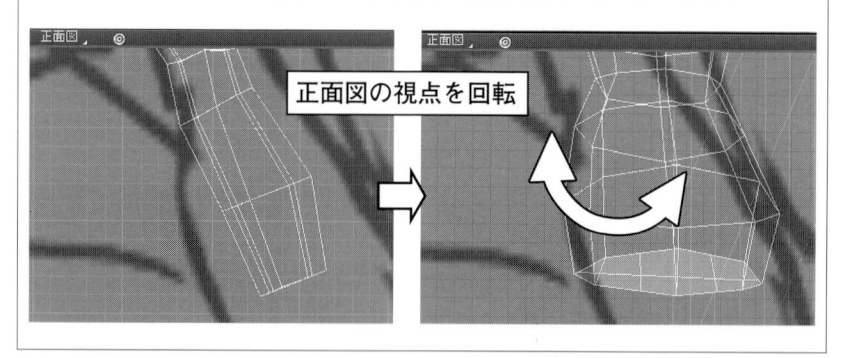

正面図の視点を回転

ワンポイント

　「手のひら」の中央を水平に切断したときに、両端に余分な頂点が発生します。これが邪魔な場合は、付近の頂点と結合。
　結合したい2つ（2つ以上）の頂点を選択した状態で、右クリックすると表示されるメニューより、「平均位置で結合」を選択します。

余分な頂点を結合

■「指」のモデリング

前項で切断した面を「ベベル(押し出し)」†して指を作ります。

このとき、仮想ジョイスティックを操作して、やや縮小させながら押し出します。

ワンポイント

指は1本ずつ押し出します。4本まとめて押し出そうとすると、すべての面がひと塊になって押し出されてしまうからです。

すべての指について、まずは最初の関節を目安に押し出します。

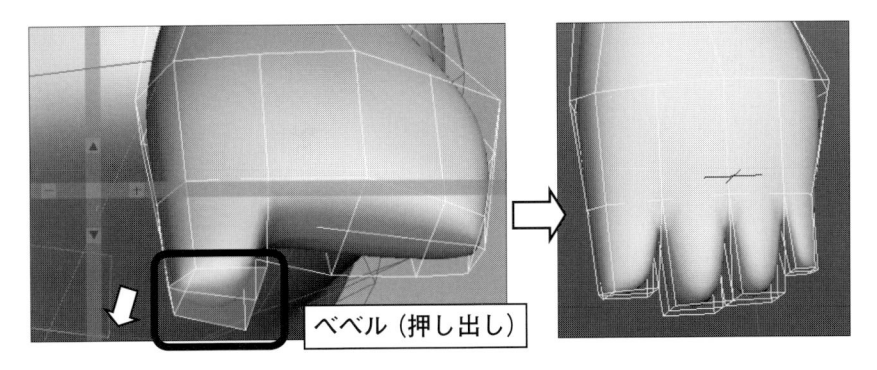

ベベル (押し出し)

各指に対して、押し出し操作を3回繰り返して指の形にします。

続けて、親指を作るため、人差し指の根元の面を押し出します。

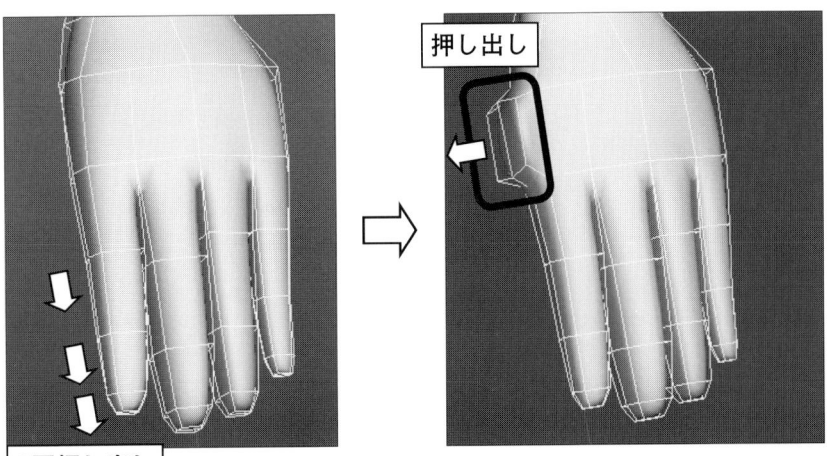

押し出し

3回押し出し

「親指」も他の指と同様に、押し出し操作を3回繰り返します。

　視点を「回転」†させながら、形がおかしいところがないか、角ばっているところがないか確認しましょう。

自分の手が最も身近で参考になるため、よく観察すると新しい発見ができる場合があります。

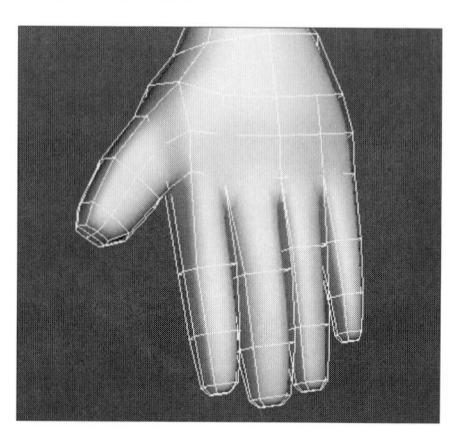
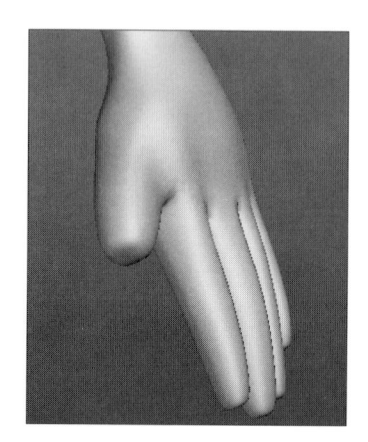

ワンポイント

　手のディテールにこだわる場合は、指の節もモデリングします。

　事前に、パーの形になるように、指の位置を移動させると、以降の編集操作がやりやすくなります。

　節の周囲の面を次図のように切断し、節周囲の頂点（稜線）を少しだけ「拡大」†させます。

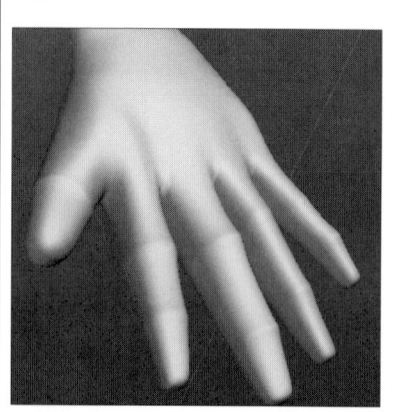
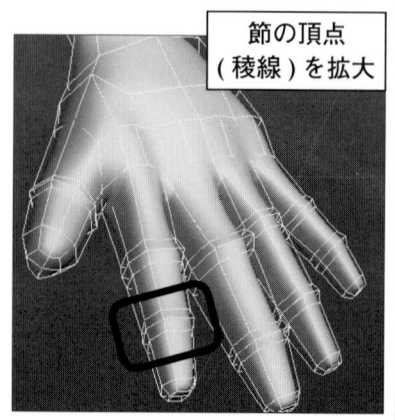

節の頂点
（稜線）を拡大

ワンポイント

　さらにディテールにこだわる場合、爪もモデリングできます。
まず、指先に対して、次図のように「切断」[†]を追加します。

　指先の上面を選択し、「ベベル（押し込み）」[†]します。少しだけ押し込むのがコツです。
　さらに、もう一度ベベルをします。こんどは少しだけ「押し出し」ます。

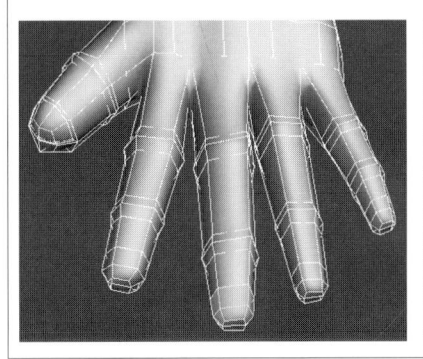 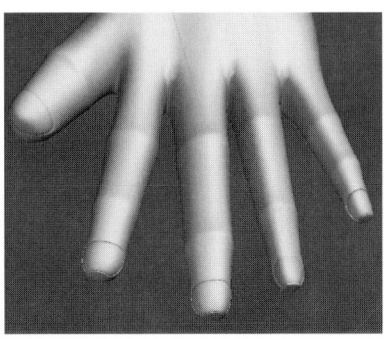

　以上で、「手」のモデルが完成です。

2-10 「足」の作成

■ もも〜膝のモデリング

[1]「足の付け根」（もも）のモデリングは、「ポリゴン」の「直方体形状」（一辺が10mm）の作成から始めます[†]。

[2] 直方体形状に「サブディビジョン・サーフェス」を適用し、角を丸めます。
　「ミラーリング」も適用します[†]。

[3] 直方体形状を、ももの付け根となる位置まで移動します。

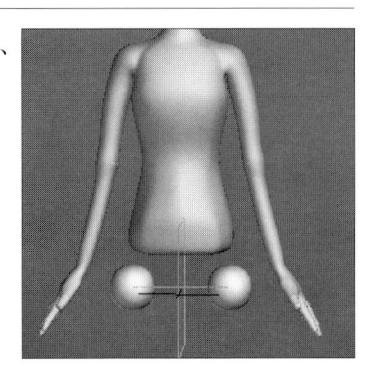

[4]直方体形状の各面を2分割するように切断し、切断した頂点（稜線）の位置を拡大方向に移動します。こうして、直方体形状に丸みをもたせます。

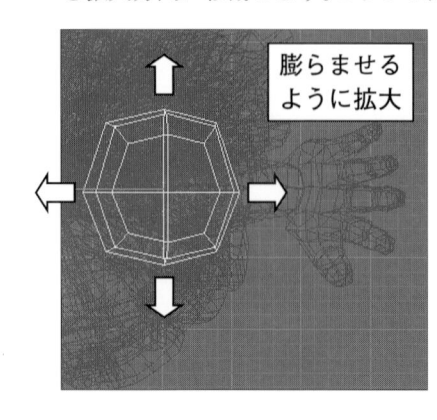
膨らませる
ように拡大

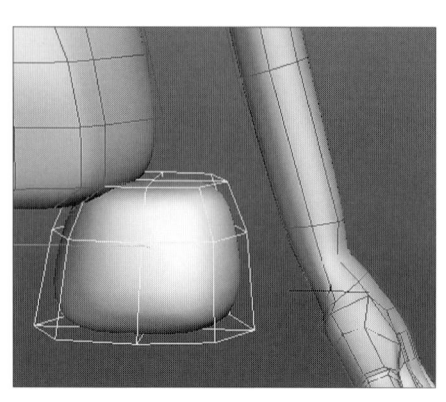

[5]直方体の底面への「ベベル（押し出し）」†を繰り返して、足の形にします。
　テンプレートを目安に、各部の太さや、「ひざ頭」や「足首の位置・長さ」を意識しましょう。

[6]「膝頭」や「足首」周辺は切断面を増やし、「くびれ」や「節ばった形」になるように、頂点位置を拡大移動します。

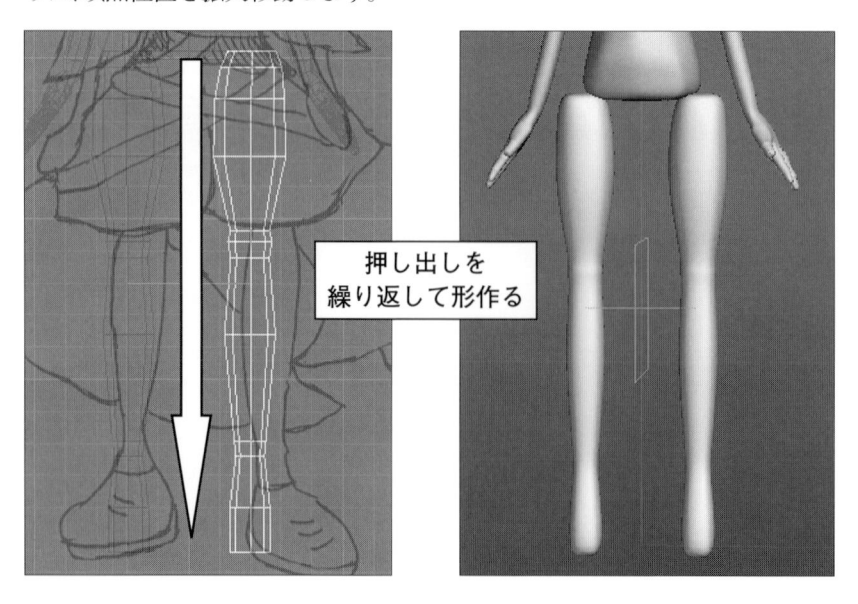
押し出しを
繰り返して形作る

[7] 足の形になるよう仕上げます。必要に応じて切断を追加しながら、頂点の位置を移動させます。

ワンポイント

> 面の切断は最小限に抑えましょう。このほうが形状編集が簡単にすむため、むやみに増やしすぎないように注意しましょう。これはすべてのモデリングに共通します。

[8]「もも」は肉感的な形にしたかったので少し太めにしました。

また、「ふくらはぎ」には適度な膨らみをもたせたほうが魅力的と考え、やや太めにしています。

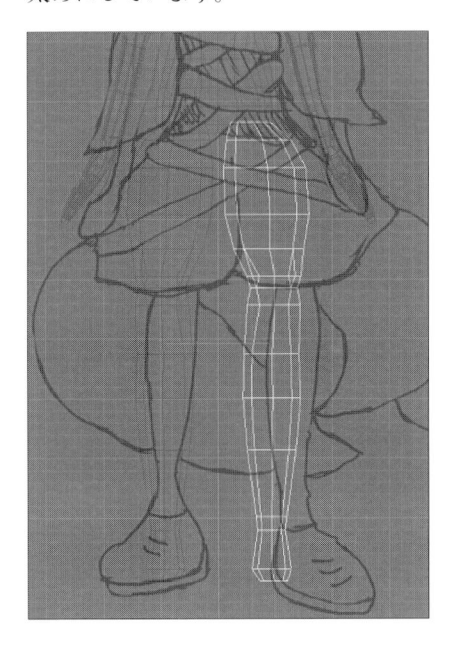
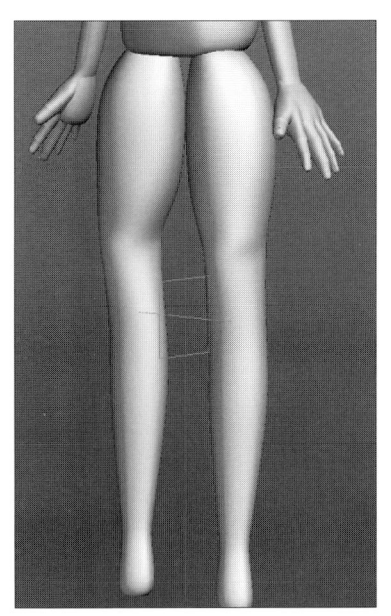

以上で足のモデルは完成です。

足首以下は「靴」に隠れるため、**[2-12]**で作ります。

2-11 「衣装」の作成

■ 服の基礎モデリング

服は体の形状に沿った形とするため、一からはモデリングしません。
体(顔)のモデルを複製し、これを利用します。

[1] ブラウザから「顔」モデルを選択します。
　「ツールボックス」内の「作成」メニュー下部にある「複製」メニュー内から、「直線移動」による「複製」を選択します[†]。

[2] 図形ウインドウ内でクリックをすると、その場に「顔」モデルの複製が作られます。これを「服」モデルとします。

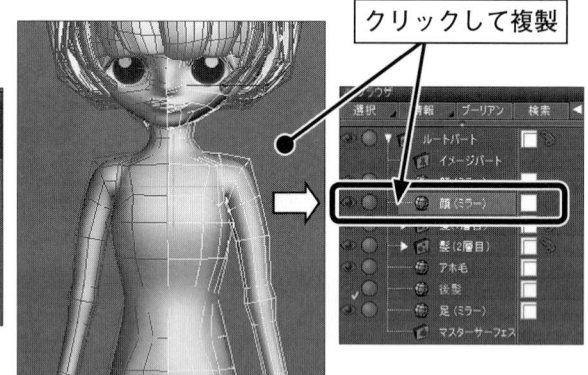

クリックして複製

[3] 服モデルの胸元以上は不要なため、頂点を選択し、削除します。

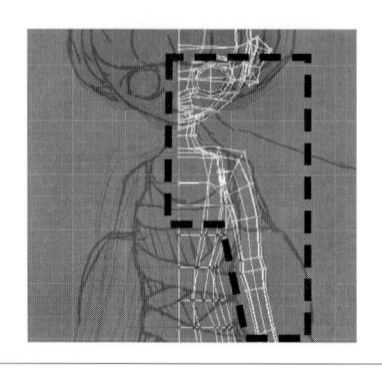
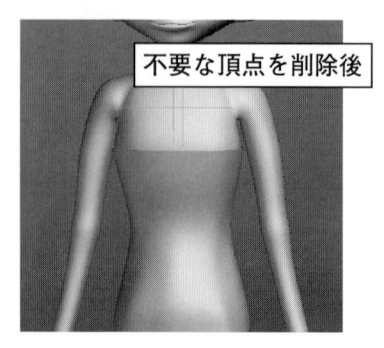

不要な頂点を削除後

■ 服のモデリング

テンプレートに合わせた外形になるよう、形を整えます。

[1] 体モデルよりも少し大きめに作るといいでしょう。

　また、作業時の視認性をよくするため、「表面材質」ウインドウ[†]の「拡散反射」色を白色にしてもいいと思います。

[2] 服の上下端には「切断」[†]を追加すると、裾のディテールを表現しやすくなります。

切断を追加

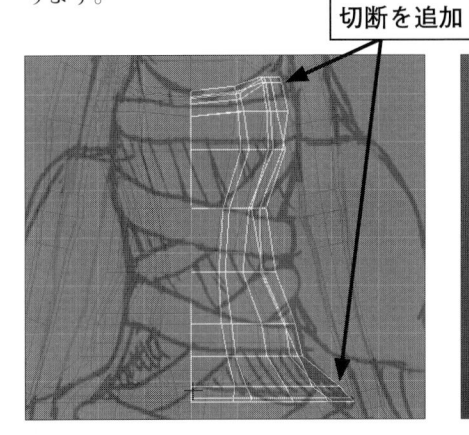
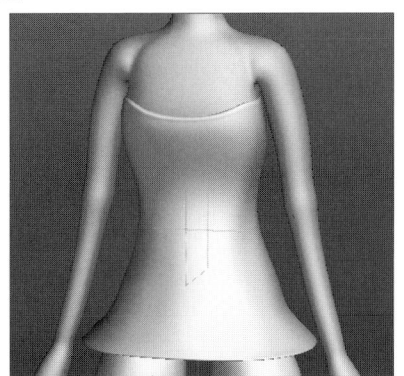

[3] 服の上下端の面が無い場合は、「面を張り」ます[†]。

　見えづらい場合は、他のモデルを「非表示」[†]にしましょう。

面を張る

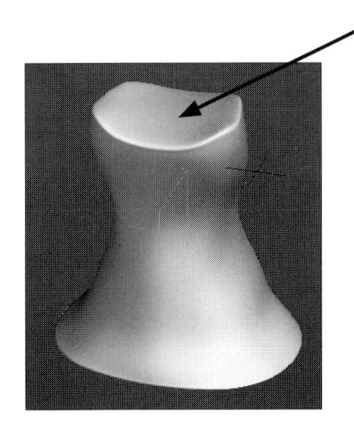
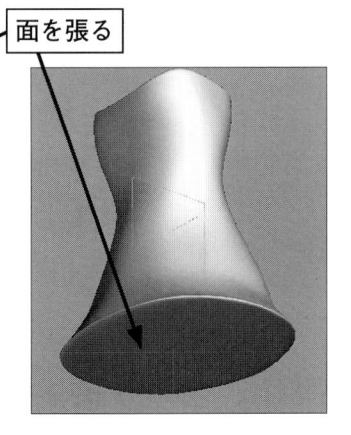

[4] ミラーリングを解除するため、形状を「実体化」します[†]。

　服の裾を作り込むため、底面を選択し、「ベベル（押し込み）」[†] します。

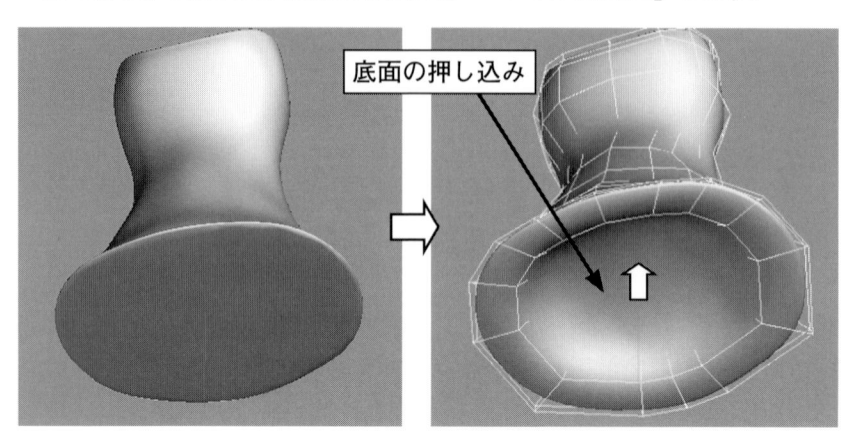

底面の押し込み

※ なお、ミラーリング服のデザインによっては胸元 (首元) 側も同様に
押し込みます。
　本作例ではデザイン的に胸元側の押し込みは不要のため実施していま
せん。

[5] 再び、服モデルに「ミラーリング」[†] を適用します。服の裾が平べったい形を
しているため、風ではためいている（波打っている）ように形を編集します。
　これで服本体のモデルが完成です。

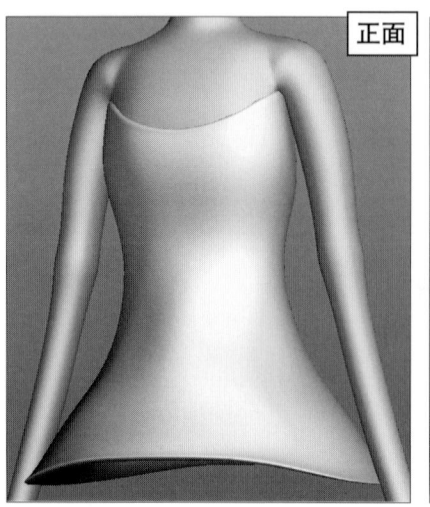

正面

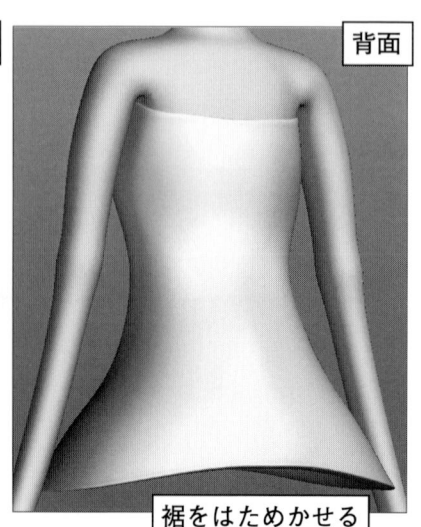

背面

裾をはためかせる

■「肩紐」のモデリング

[1] 服本体に付く肩紐は、「ポリゴン」の「直方体形状」[†]から作ります。
あらかじめ、「サブディビジョン・サーフェス」[†]も適用します。

[2] これを次図のように縮小し、平べったい形にします。
また、服との接続部をやや太めとするため、台形形状にします。

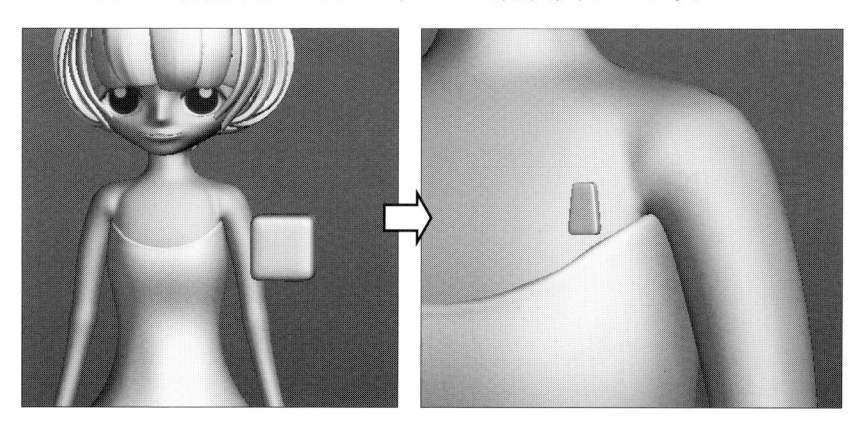

[3] 上面を「ベベル(押し出し)」[†]します。回転移動と組み合わせて、肩周りに沿うように押し出しを繰り返します。

ワンポイント

押し出し操作は、「側面図」から行なうと楽です。

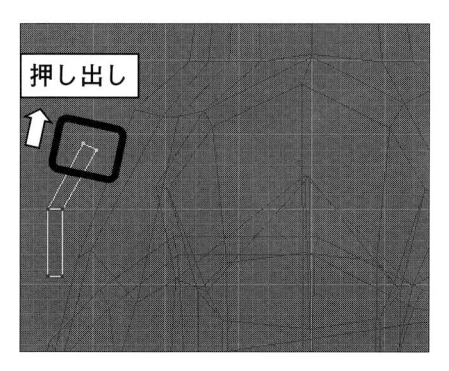

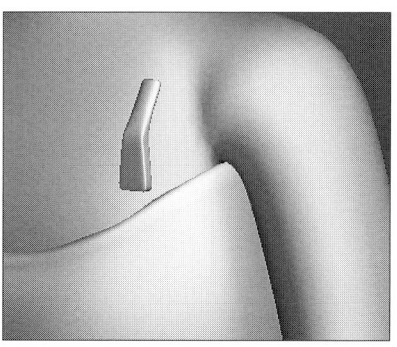

[4] 体にめり込まないように、また、服との接続部は回転移動を組み合わせて形を整えます。

肩紐モデルにも、「ミラーリング」[†]を適用します。

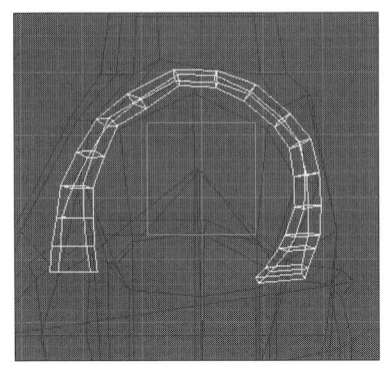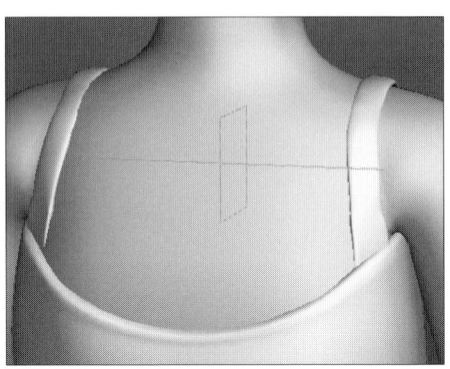

■ ズボンのモデリング

[1] ズボンは「ポリゴン」の「直方体形状」[†]から作ります。

あらかじめ、「サブディビジョン・サーフェス」[†]も適用します。

[2] 正面図の中心線を境界として、「ミラーリング」[†]も適用します。

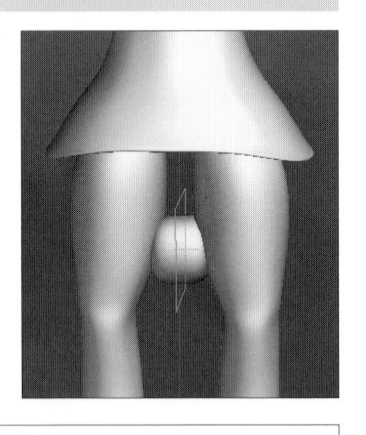

ワンポイント

> ミラーリングの境界線に筋が入ってしまう場合は、[1-3 ミラーリング]の説明内にある、「頂点整列」の適用も必要です。

作業をやりやすいように、ブラウザから不要な形状は「非表示」[†]にするといいでしょう。

ズボンはふっくらと膨らんだデザインとしたいため、上面図や側面図も見ながら、形を整えます。

最初から面の切断を多用せず、最小限の頂点数で形を作るのがポイントです。

外観が出来てきたら、最小減の「切断」[†]を追加して、ディテールを作ります。

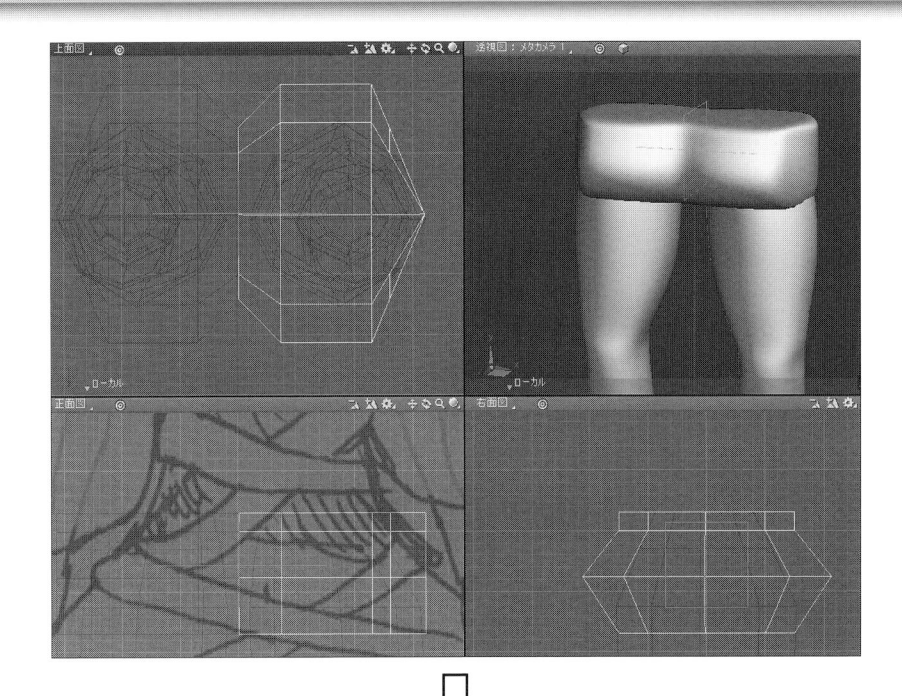

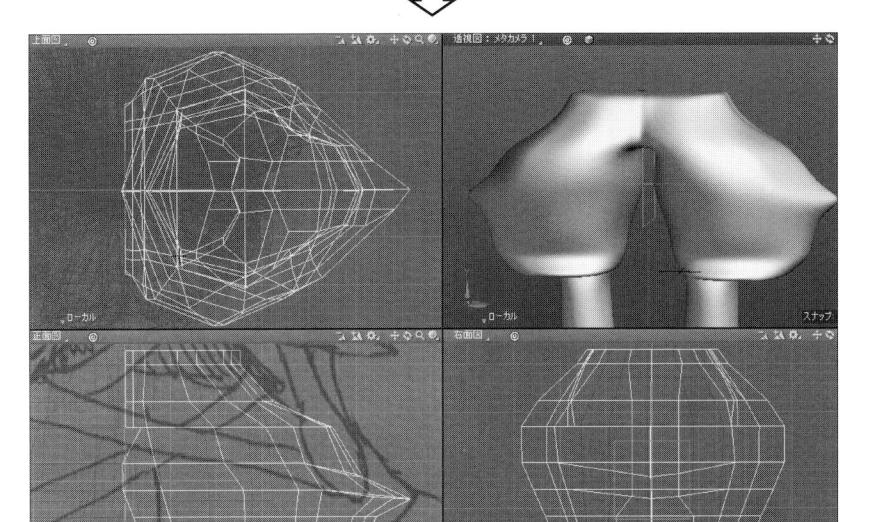

[3] 足が出る穴の部分の面を、「ベベル（押し込み）」して、裾の厚みをつけます。

　なお、本ズボンのデザインとして、穴の周辺をくびれるように頂点位置を編集しています。

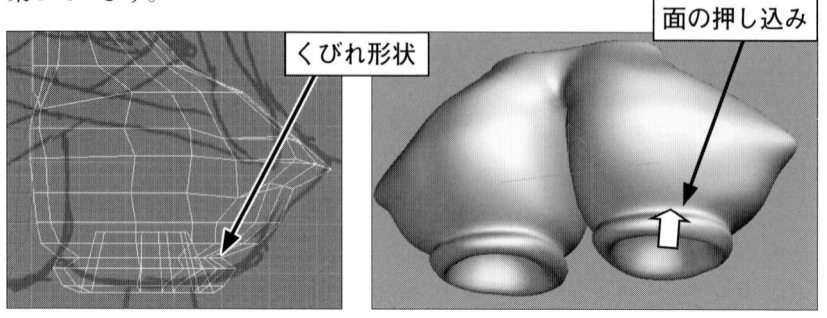

くびれ形状

面の押し込み

[4] 非表示にしていたモデルを表示させます。

　全体を見まわして、テンプレート（イメージ図）と比べて不自然な場所がないかチェックします。

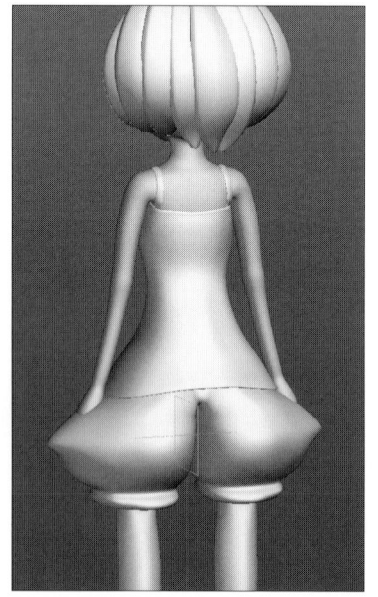

ワンポイント

　チェック時は、画面から少し離れて見ることをお勧めします。こうすることで修正すべき個所が見つかりやすいです。

2-12 「靴」の作成

■「靴」のモデリング

[1] 「靴」もこれまで同様に、「ポリゴン」の「直方体形状」[†]に「サブディビジョン・サーフェス」[†]を適用したものから始めます。

　正面図の中心線を境界として、「ミラーリング」[†]も適用します。

[2] 少しずつ面の切断を増やしながら、次図のように「靴」の形に仕上げていきます。

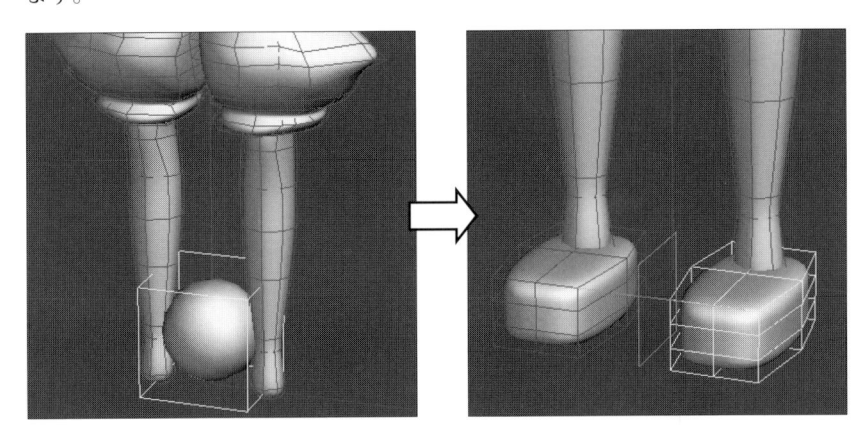

[3] 「靴」の先は細めつつも丸みをもたせた形に編集します。足の甲にあたる部分は上に膨らむような形にしています。

　「靴底」には、「切断」を追加して、鋭角な形状を表現しています。

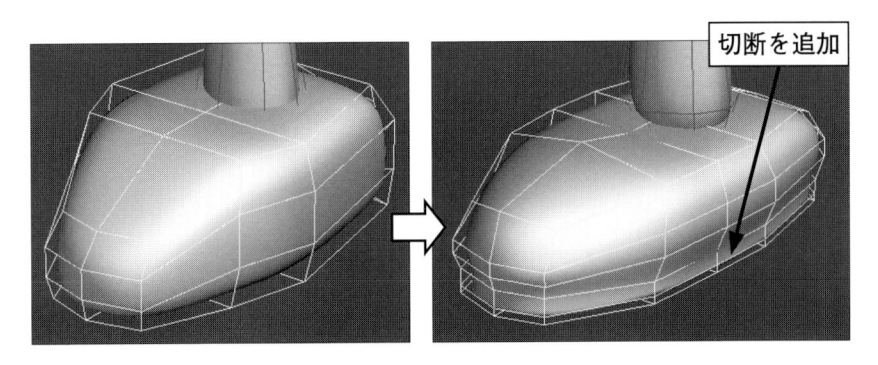

切断を追加

[4] 足が入る部分の穴は、ベベル（面の押し込み）†で形を作ります。

ワンポイント

「靴」をよく観察すると、一般的に上から見ると左右非対称の形をしています。足の甲の外側のほうが膨らんだ形状をしています。

オリジナルデザインであっても、実在のものも参考にモデリングすることで、ディテールを作り込むことができます。

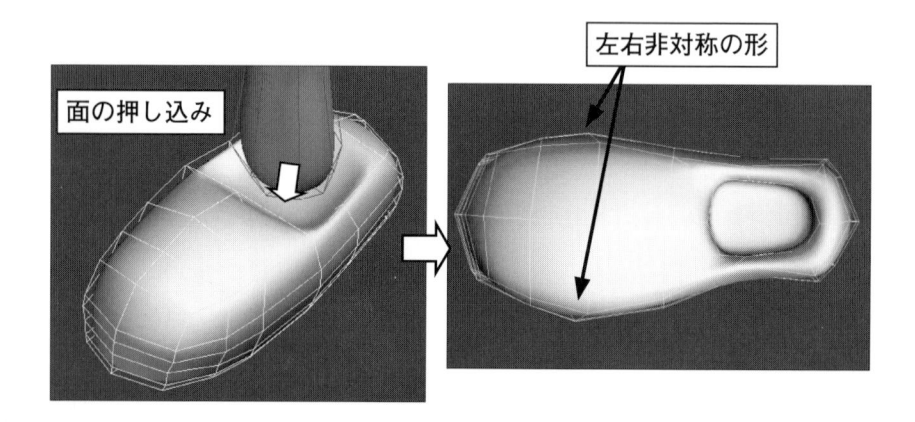

面の押し込み　　　左右非対称の形

[5] 足の入る穴の形を、足の形に合うように整えます。「靴先」や「かかと」部分は丸みをもった形状になるように仕上げました。「靴底」は切断線を増やして、エッジを強調した形になるよう編集しています。

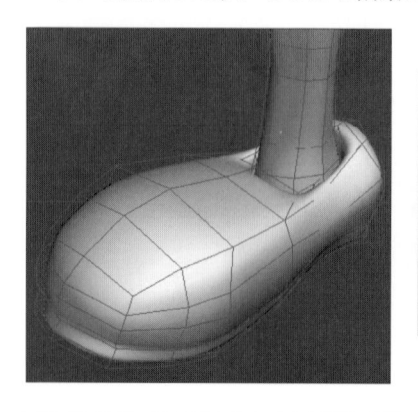
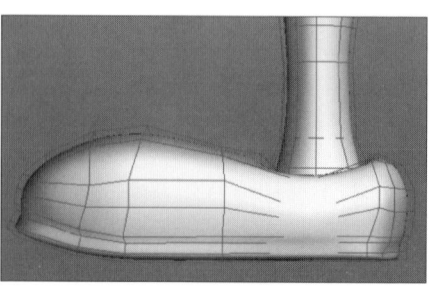

2-13 「装飾」の作成

■「スリーブ」(袖) のモデリング

本作のキャラクターは、袖の部分が分離したスリーブを、アクセントとして付けています。

[1]いつものように、「ポリゴン」の「直方体形状」†に「サブディビジョン・サーフェス」†を適用したものから始めます。

正面図の中心線を境界として、「ミラーリング」†も適用します。

[2]直方体形状を肘の位置まで移動します。

直方体の中央と各面の端に切断を追加し、膨らみをもった直方体形状になるよう編集します。

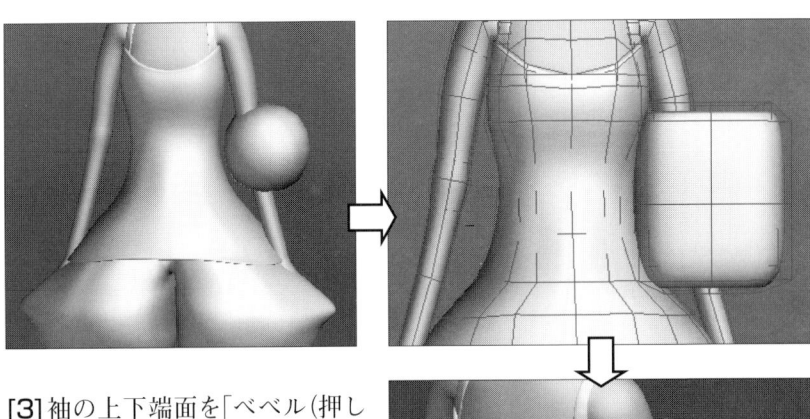

[3]袖の上下端面を「ベベル(押し込み)」†します。

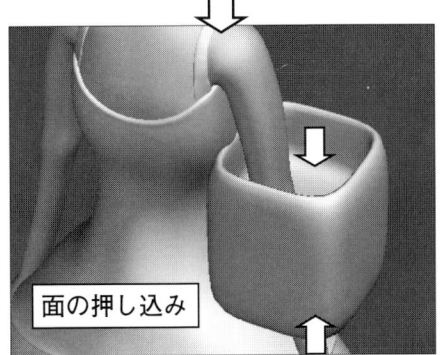

面の押し込み

[4] テンプレートのイメージに合わせてスリーブの形を整えます。

中央部は膨らみをもたせ、先端に向けて尖らせた形状とするため、面の切断を適宜追加しています。

さらに、肘元では縛ってスリーブを固定することをイメージしているため、くびれた形にしています。

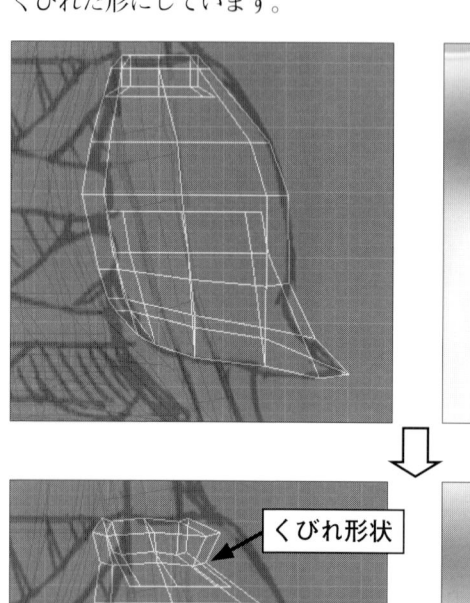

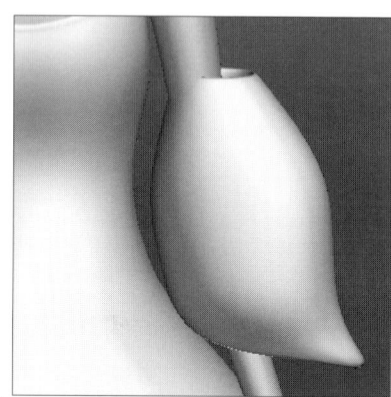

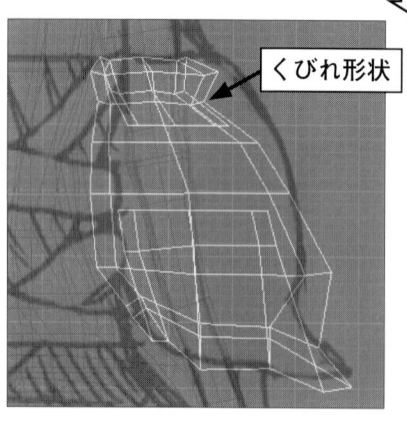

くびれ形状

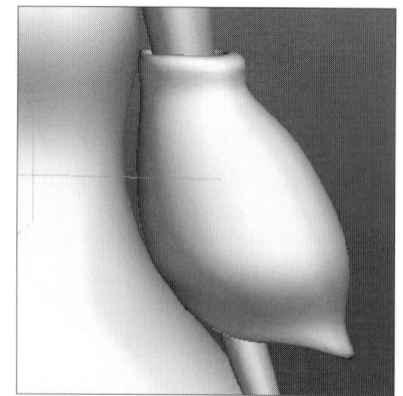

■ 腕の分離

「スリーブ」を作ったことで、「肘」が隠れます。そのため、肘の部位は削除して、体と腕を分離することもできます。

[2-11]で服を作るときに、元形状として「顔」モデルを複製しました。操作はこれと同様です。

[1]ブラウザから「顔」モデルを選択します。

[2]「複製」メニュー内から、「直線移動」による「複製」を選択します†。

[3]図形ウインドウ内でクリックし、「顔」モデルの複製を作ります。

[4]複製したモデルに対して、肘以上の頂点をすべて選択し、削除します。

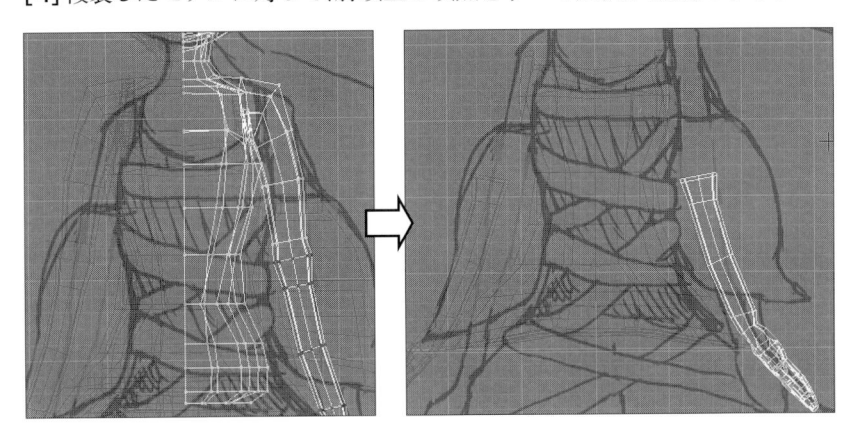

[5]削除した境界部分には、面を張ります†。

　さらに、境界部分付近で面を切断すると、体側との接合部の丸めが和らぎ、綺麗な接合部となります。

[6]同様の操作を顔モデル(体側)に対しても行ない、腕以降の頂点を削除します。

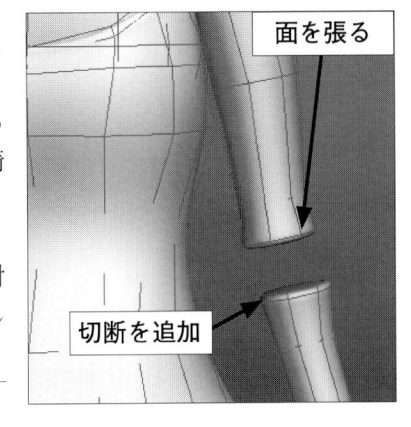

面を張る

切断を追加

ワンポイント

　腕の分離は必須ではありません。手の形状やテクスチャを作り込みたいときは、モデルを分離することで編集がやりやすい場合があります。

　一方で、分離をすると次図のように接合部に線が生じます。そのため、分離する場合は服などで隠れる個所を境界とするとよいでしょう。

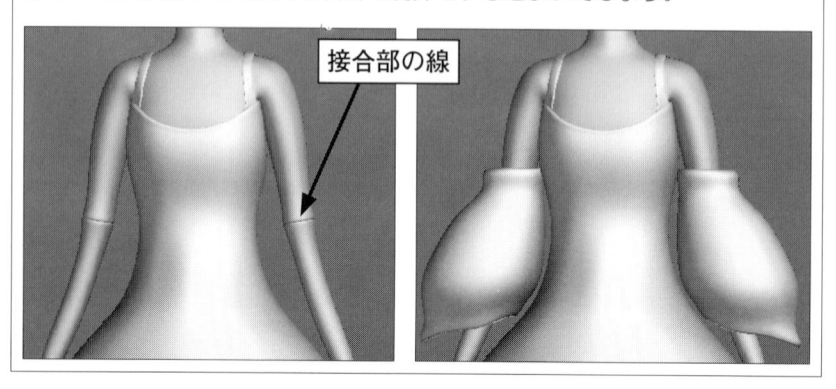

接合部の線

■ ツル状ベルトのモデリング①

　本作の衣裳には、植物らしさを取り入れたデザインにしたいと考えていました。そこで、「ツル状のベルト」のようなアイテムを身にまとわせています。

[1] 胸の中央に「ポリゴン」の「直方体形状」[†]を作ります。「サブディビジョン・サーフェス」[†]も適用します。

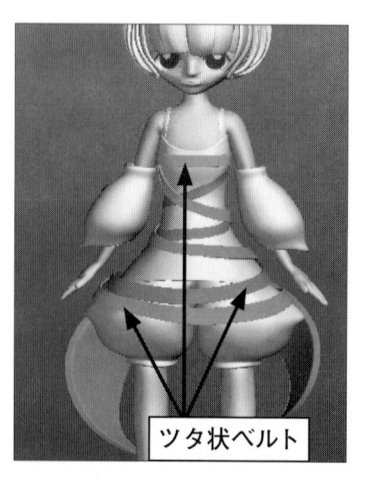

ツタ状ベルト

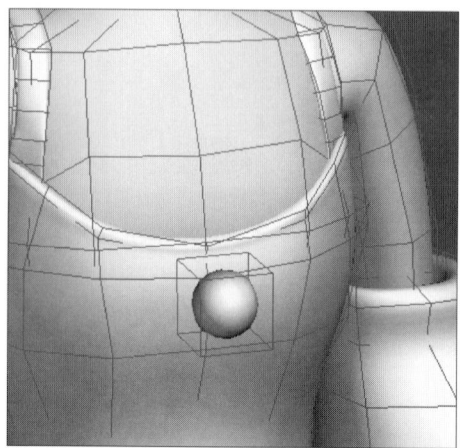

[2] ミラーリングするため、直方体形状の左端面が、体の中央線上(X座標が0mm)にくるよう移動します。

　移動後の左端面は中央線にぴったり合わせる必要があります。そのため、移動後に「頂点整列」[†]を実施します。

[3]「ミラーリング」[†]を適用します。

　ミラーリングの境界面は体の中央線となります。

　ポリゴンの面が貼られている箇所がミラーリングの境界面になっている場合、正しくミラーリングされません。

　そこで、事前に面を削除[†]する必要があります。

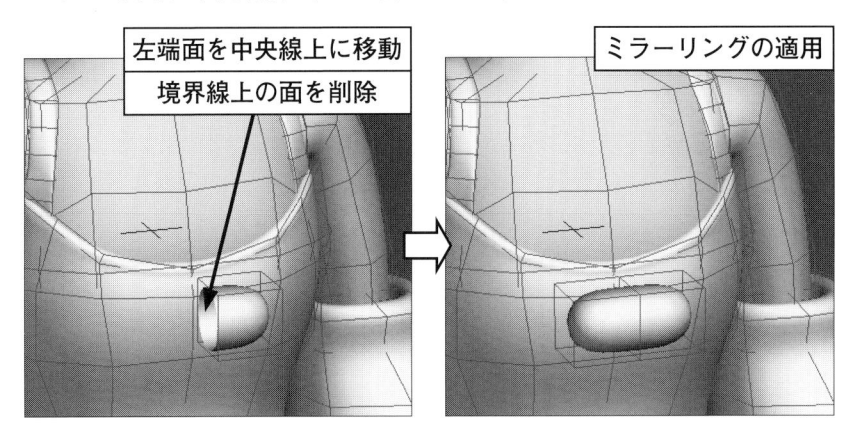

[4] 直方体形状の上下面にZ方向に切断線を追加します。そして、平べったい形に変形させます。

　直方体形状の右端面を「ベベル(押し出し)」[†]と「移動(直線/回転)」を使って、服を囲うように形作ります。

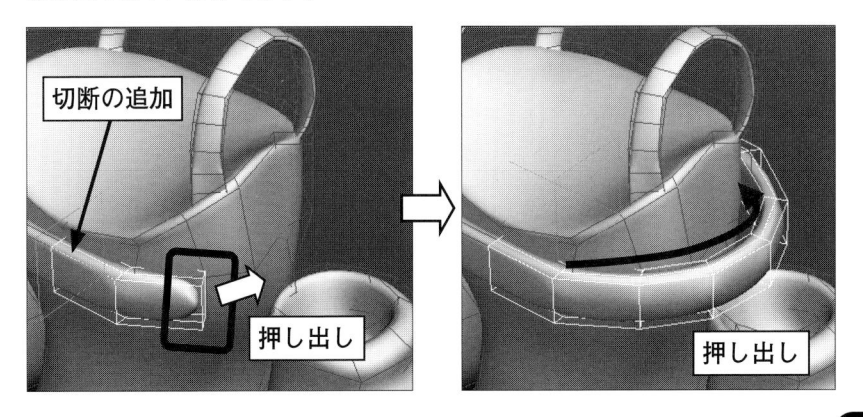

[5]一度ミラーリングを解除します。背中側のミラーリング境界面も、正面側と同様に、事前に面を削除する必要があるためです。

　また、頂点整列を実施し、端面を中央線上に合わせます。

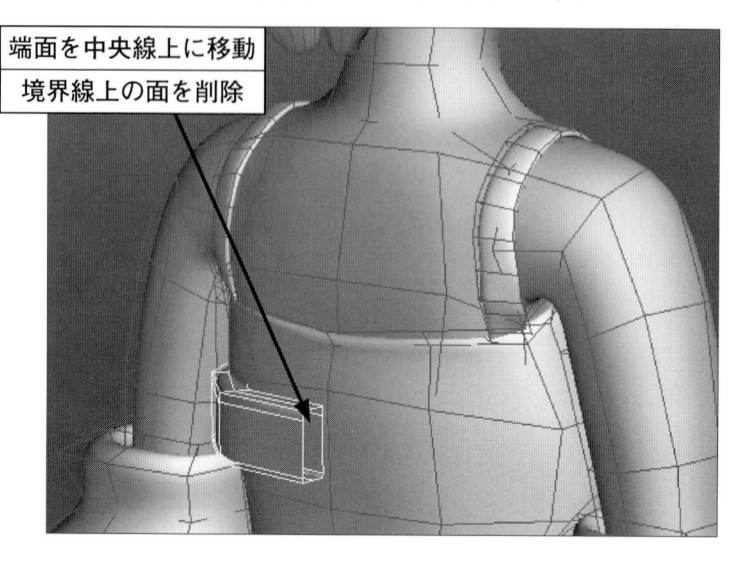

端面を中央線上に移動
境界線上の面を削除

[6]「ミラーリング」を適用します。

[7]最後に、ベルトの上下端の丸みが強いため、次図のように切断を追加し、エッジを強調します。服や体にめり込んでいる箇所があれば、頂点の位置を調整します。

　胸元のベルトはこれで完成です。

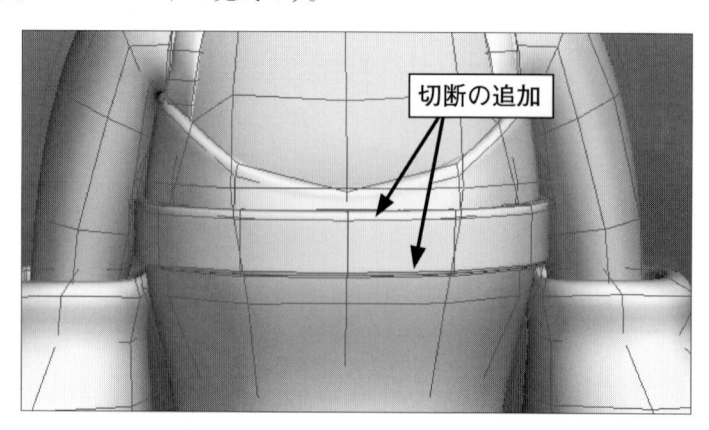

切断の追加

■ ツル状ベルトのモデリング②

胸元から腰に掛けて伸びる「ベルト」は、別に作ります。

[1]「サブディビジョン・サーフェス」[†]を適用した「ポリゴン」の「直方体形状」を作成[†]します。「ミラーリング」は適用しません。

[2]上下端の角にエッジを強調するため、「切断」を追加します。平べったい形に変形させます。

[3]これを脇のあたりまで移動します。ここを「ベベル(押し出し)」起点にします。

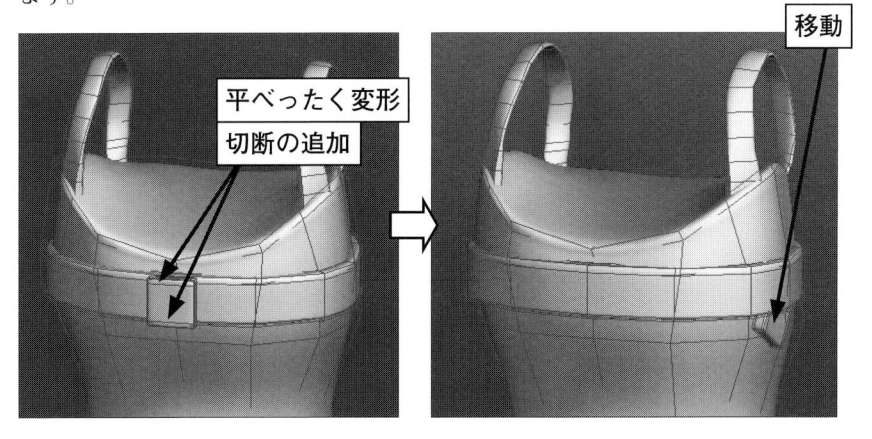

平べったく変形

切断の追加

移動

[4]ベルトと服が同じ色で見えにくい場合は、「表面材質」ウインドウ[†]の「拡散反射」色を他の色(緑色など)にしてもいいです。

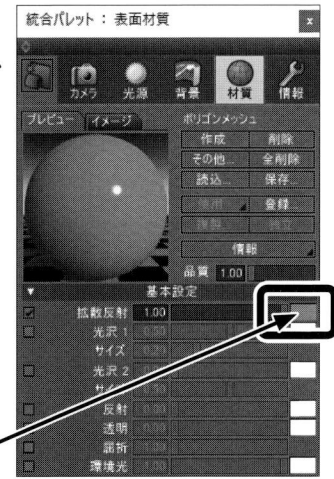

色の変更

[5] 直方体形状を「ベベル（押し出し）」と「移動（直線/回転）」を使って、服を囲うように形作ります。「視点の回転」†もうまく利用しましょう。

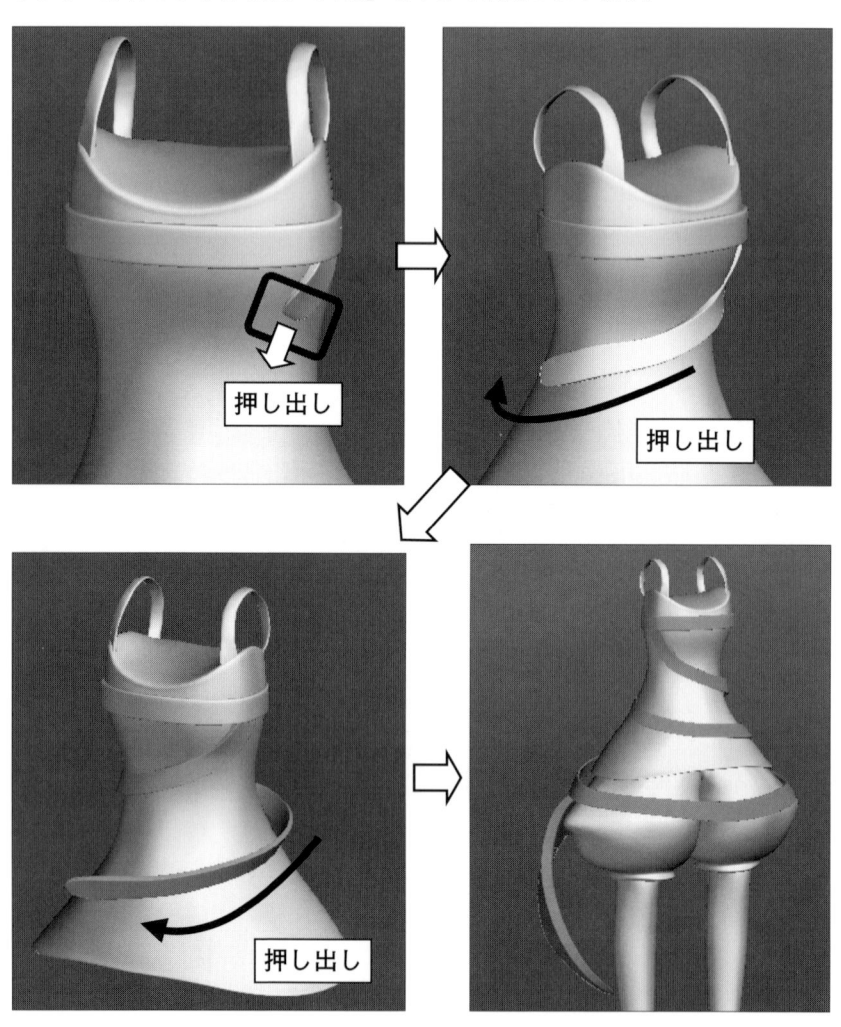

■ ツル状ベルトのモデリング③

先ほどのベルトを左右対称に複製して、もう1つのベルトを作ります。

[1] ブラウザから、前項で作成したベルトを選択します。ツールボックスより「作成」→「複製」→「数値入力でコピー」を選択します。

[2] 正面図で、中心線をクリックします。

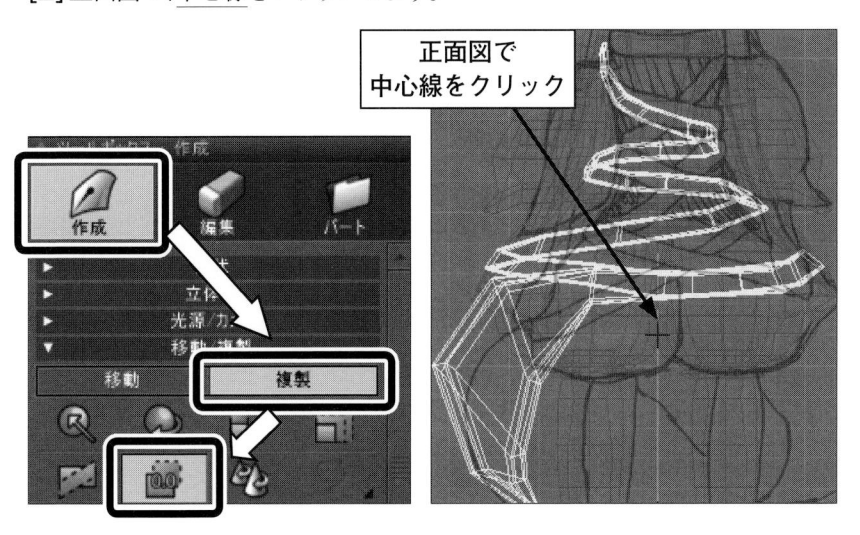

正面図で
中心線をクリック

[3] すると、「トランスフォーメーション」ウインドウが表示されます。「拡大縮小」の「X」の欄に「-1」を入力して、OKを押します。

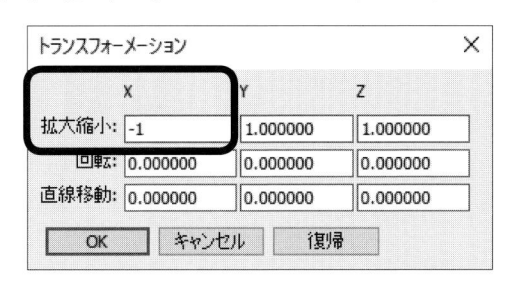

左右対称にベルトが複製されます。

ワンポイント

　単純に複製しただけでは単調なイメージになってしまうため、複製したベルトは大きさや位置を変えるなどして、変化を付けています。

ワンポイント

　複製したベルトは、「表面材質」ウインドウの「拡散反射」を変えると、編集時に見えやすくなります。

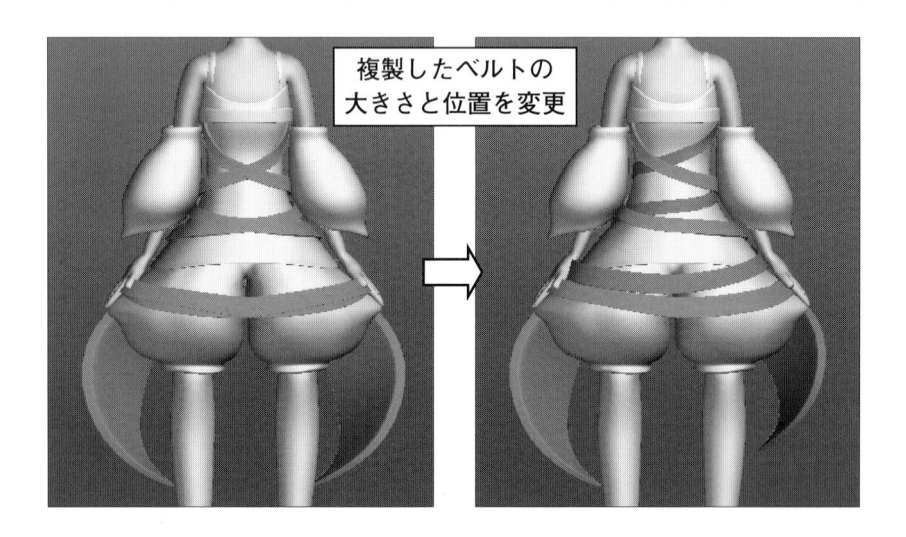

複製したベルトの
大きさと位置を変更

■ 「リボン」のモデリング

　装飾アイテムの最後は、「リボン」です。
　「リボン」が作れるようになると衣装の華やかさがぐっと広がるため、お勧めです。

[1] リボンのループ部を作るため、「ポリゴン」の「直方体形状」†を作ります。

[2] 「サブディビジョン・サーフェス」を適用する前に、角が丸まりすぎないよう、図のように面の各隅を切断します。

　※ 少し複雑な作業のため、ブラウザ内のすべての形状を「非表示」にしています。

[3]「サブディビジョン・サーフェス」†を適用し、平べったい形に編集します。

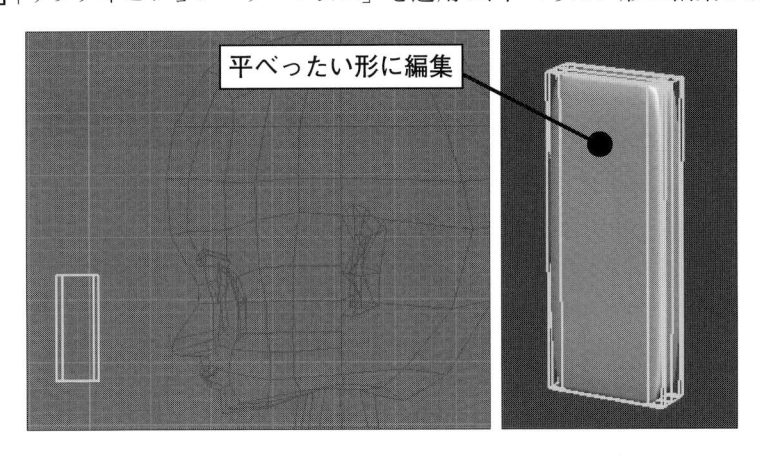

平べったい形に編集

[4]「ベベル（押し出し）」†と「移動（直線/回転）」を繰り返して、ループ状の形を作ります。正面図内で押し出し操作をするといいです。

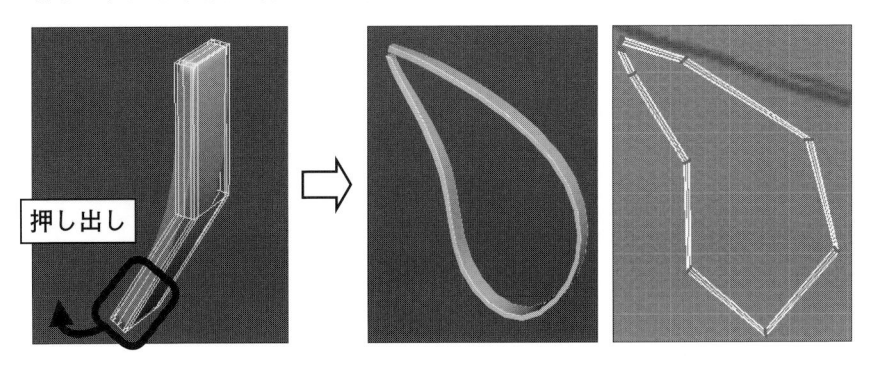

押し出し

[5]「ミラーリング」†を適用します。「最小値を中心に使用」をクリックすることで、ループ端部を境界にミラーリングされます。

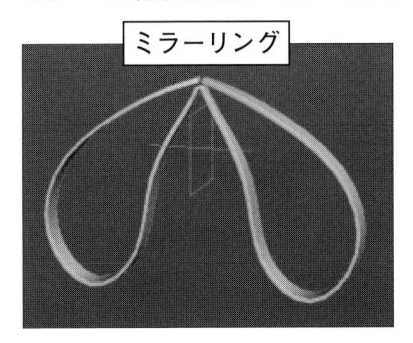

ミラーリング

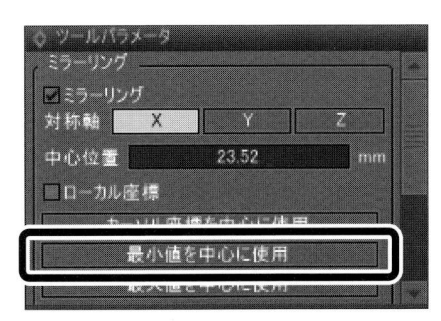

[6] リボンの結び目として、別にポリゴン直方体形状[†]を作ってモデリングします。

　単純に球型形状のままもいいですし、こだわる場合は次図を参考に、凹凸を意識した形にしてもかまいません。

正面図　　　　　側面図

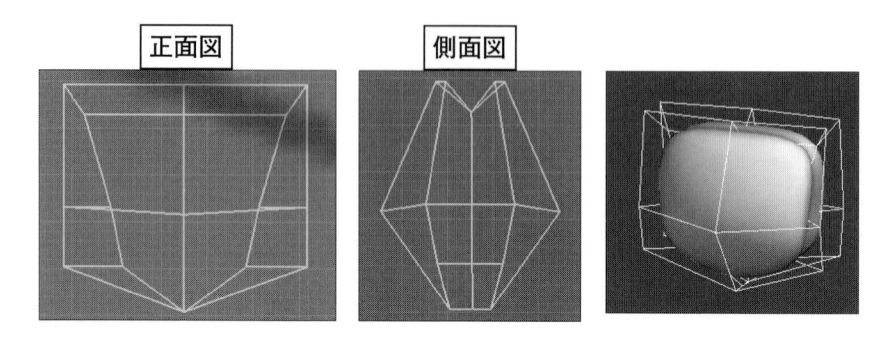

[7] アクセントとして、ループ形状を捻った形にします。

　次図の頂点を、「視点変更」[†]と併用して、回転移動させています。

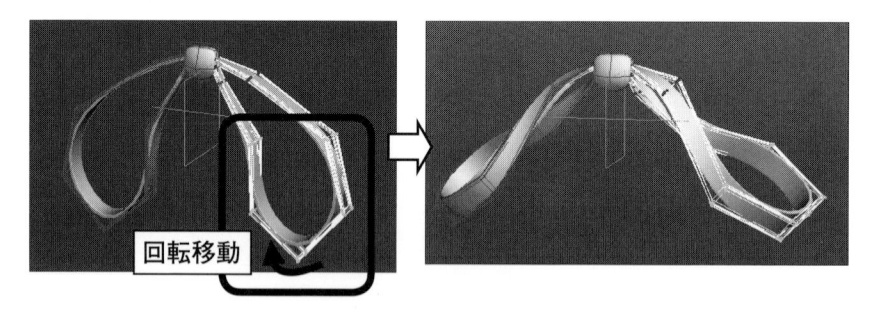

回転移動

[8] 「リボンの緒」も、別にポリゴン直方体形状[†]を作って、モデリングします。

　最初に平べったい形状で作り、端部を回転移動して捻っています。

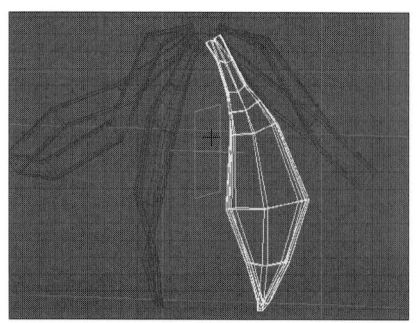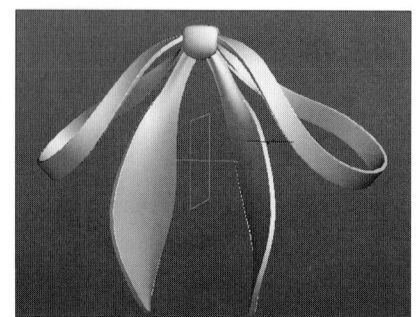

[9] ここまで来たら、リボンのミラーリングをすべて解除し、形状を実体化[†]します。

[10] 最後に、「リボンの帯」をモデリングします。手順は、「ツル状ベルトのモデリング1」と同様です。

「リボン本体」を回転移動し、「帯」と組み合わせます。

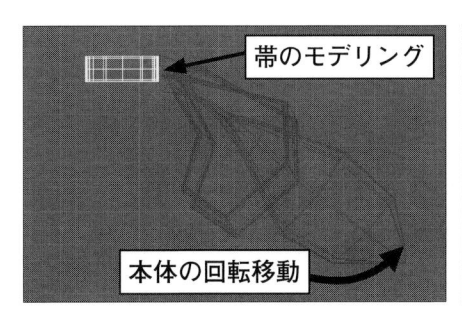
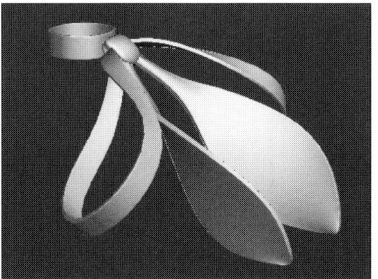

[11]「リボン」を「「後髪」の房の根元」や、「スリーブの袖口」「ズボンの裾口」に配置します。各部に合わせて「リボン」を複製し、大きさを変えています。

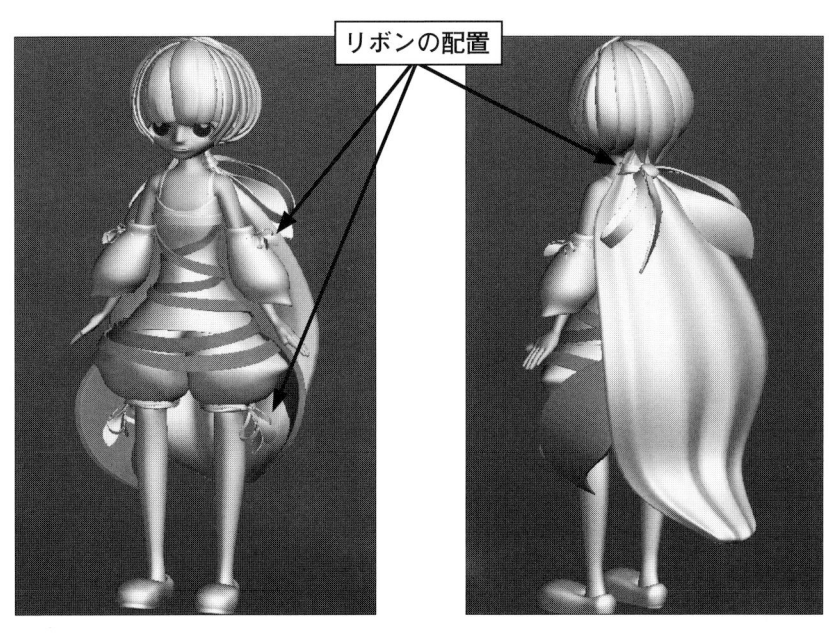

2-14　ディテールの作り込み

前節までで、キャラクターモデリングとしては完成になります。

ここでは、よりクオリティをアップさせるために、作り込むとよい細部(ディテール)について紹介します。

■ 基本色の仮設定

ディテールを作り込む前に、各パーツの識別をしやすくするため色を設定します。

色は「表面材質」ウインドウ[†]の「拡散反射」の欄から選色します。

完成イメージに合わせた色にしてもよいですし、単に他のパーツと異なる色分けをするだけでもいいです。

現段階では仮設定であり、5章で正式に色を設定します。

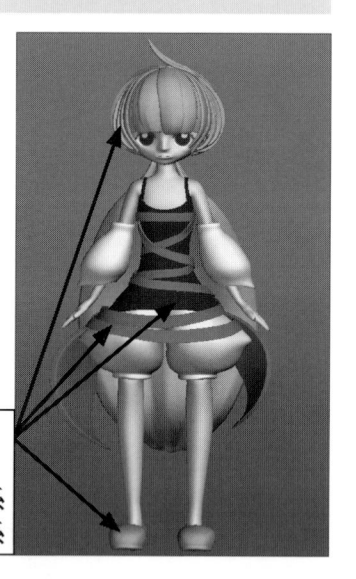

髪：茶色系
服：黒系
ベルト：緑系
「靴」：水色系

■ 服(布)のシワ

服(布)へシワを追加することで、立体感やリアリティが強調され、印象が大きく変わります。

シワを付けるため、ベルト全体を水平方向に何分割かします。ベルトのシルエットに沿って切断するため、「ループスライス」を使います。

[1]ツールボックスから、「編集」→「メッシュ」→「ループスライス」を選択します。

[2] 切断したい方向と垂直の稜線上にマウスカーソルを置くと、「ループスライス」される稜線のプレビューが表示されます。

イメージしているシワの密度に合わせて本数を増やしましょう。

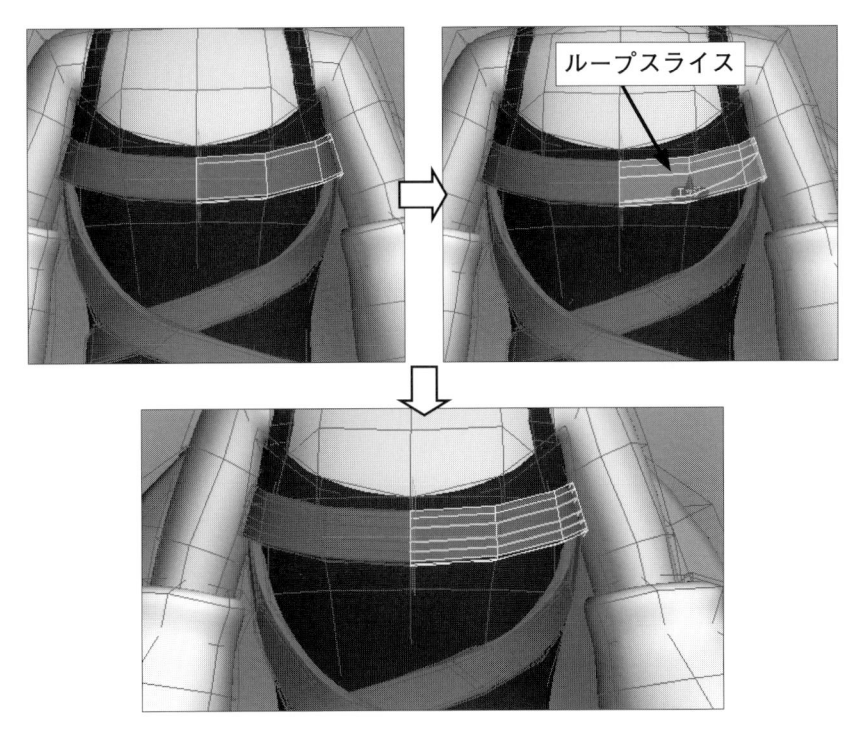

[3] シワ付けする前に、ベルトの形状を「実体化」[†]し、「ミラーリング」を解除します。

[4] 切断により追加された「稜線」を"ひとつ置き"に選択します。Shift キーを押しながら1本ずつ選択しましょう。

[5] 次にツールボックスから、「編集」→「メッシュ」→「ループ選択」を選びます。

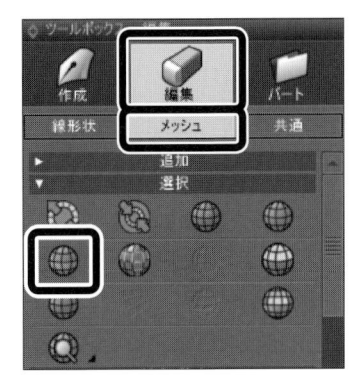

[6] すると、選択した稜線を起点に、ループ状に稜線が選択されます。

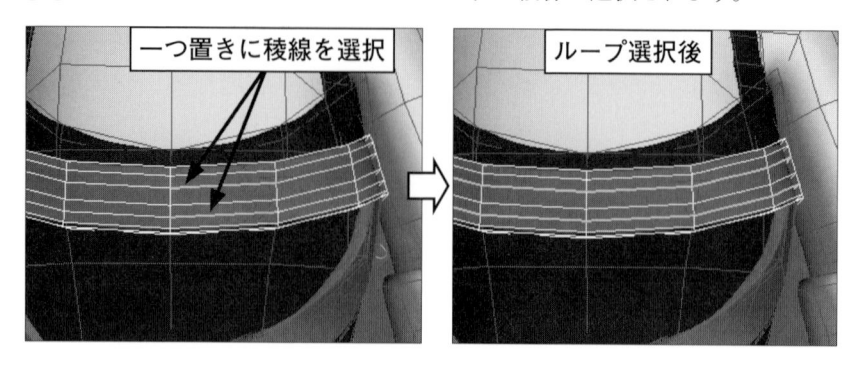

[7] ループ選択された稜線を（均等に）拡大縮小したり、直線移動したりすることで、段差（シワ）が作られます。

他のベルトについても同様にシワを追加しました。

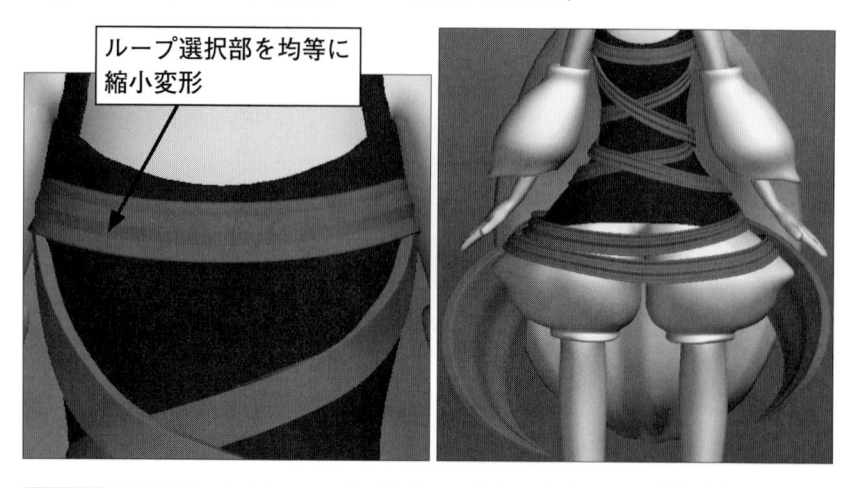

「ループスライス」と「ループ選択」は応用範囲が広く、ディテールを作り込むときには便利な機能です。

本作例では、「ズボン」や「スリーブ」「服」に対しても同様の操作で段差（シワ）を付けています。

シワを直線・回転移動させて変化を付ければ、さらにリアリティが増します。

ループスライス＆ループ選択
によるシワ付け後

■ 体の細部

　デフォルメされたキャラクターであっても、体の細かい起伏を意識してモデリングすることで、絵に密度が生まれ、クオリティアップにつながります。

　本章で手を加えて部位について、いくつか紹介します。

● 鎖骨

服のデザインから、肩回りが露出されるため、起伏を付けています。

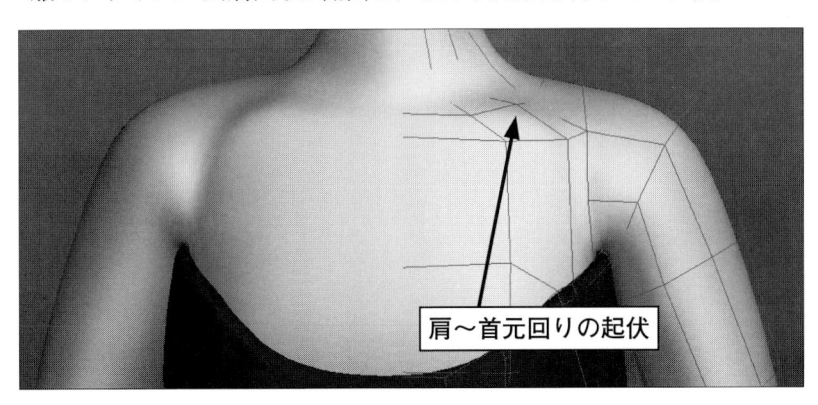

肩～首元回りの起伏

● 指の節や起伏

　小さいパーツですが、ここを作り込むことで、イラストになった時の仕上がりの差が意外と出てきます。

指の付け根の起伏や、節の強調

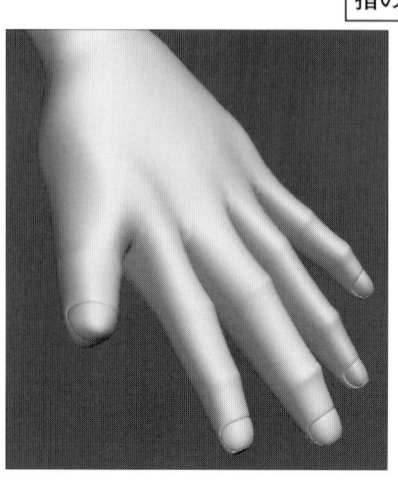
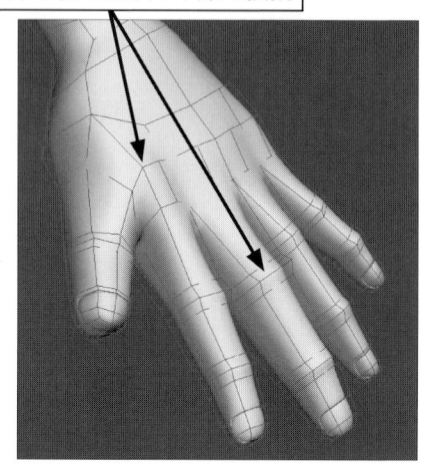

● 膝～足首

　膝頭の起伏や、ひざ裏のへこみ、ふくらはぎの膨らみ、くるぶしの出っ張り、アキレス腱のラインなどは、自分の足や写真集が参考になります。

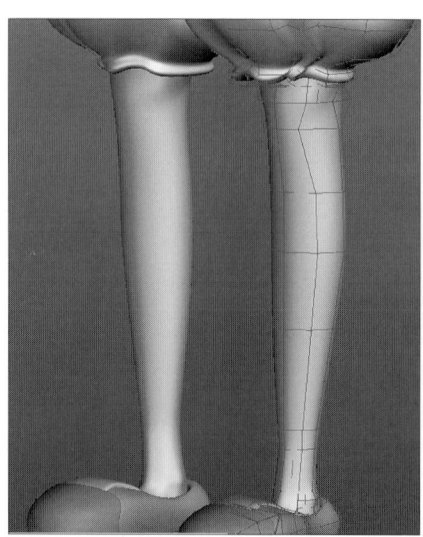
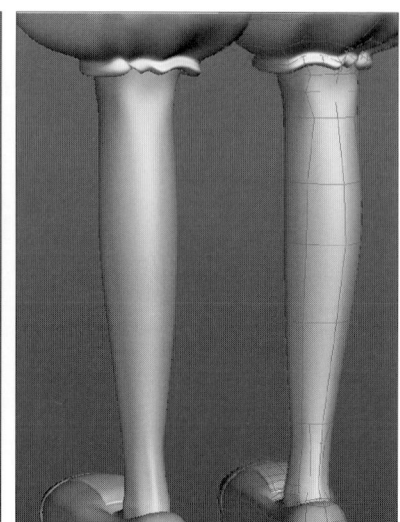

■ 髪のエッジをシャープにする

「髪の毛」にメリハリをつけるため、側面の細長い「髪の毛」モデルには「稜線のシャープ」†を追加で適用します。

稜線のシャープ 有

稜線のシャープ 無

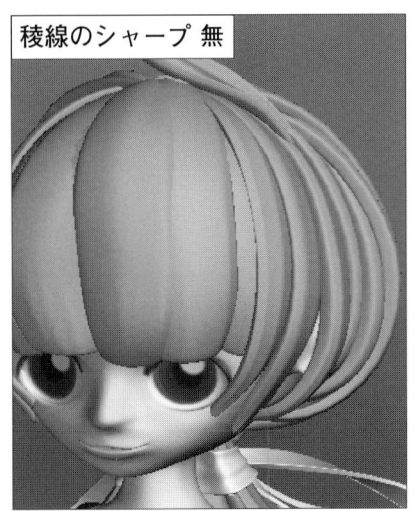

「ループ選択」†をうまく使いながら、両端と中央部の稜線を選択し、「稜線のシャープネス」の値を「4」に設定します。

稜線をループ選択

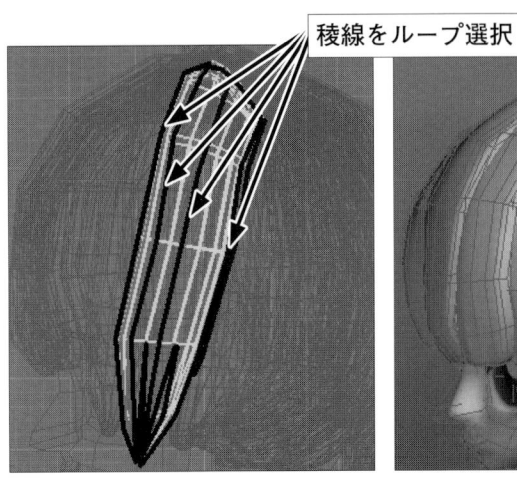

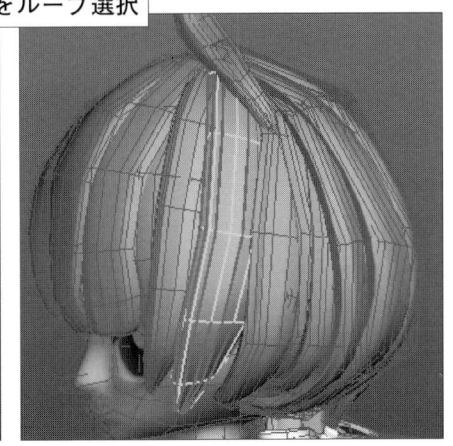

■「靴」のパーツ

[2-12]でモデリングした「靴」に、直方体形状のポリゴン(「サブディビジョン・サーフェス」を適用済み)から作成した「靴底」や「靴先」を組み合わせます。

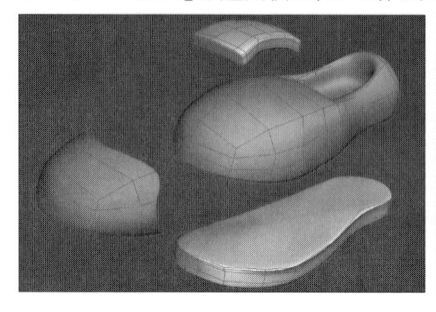
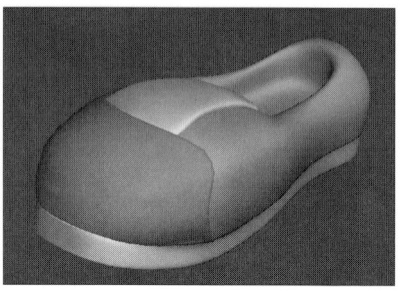

*

お疲れ様です。これで、キャラクターモデルが完成です!

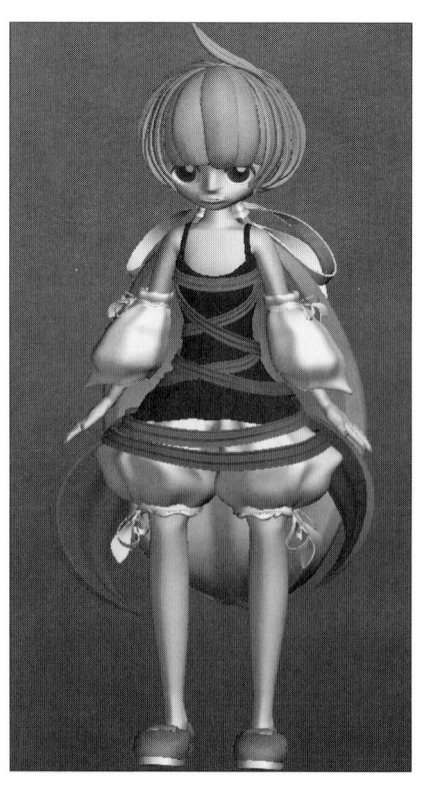
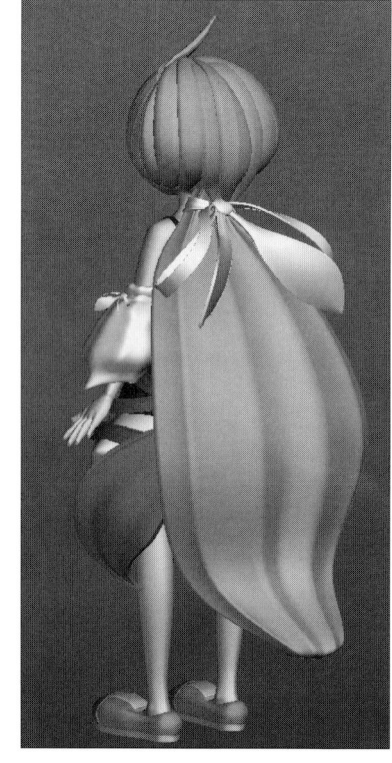

2-15 「台座」の作成

キャラクターだけでは味気ないため、本作例では「台座」も作っています。

台座があることで、ポーズを付ける際の自由度も上がります。

台座のデザインは、キャラクターに合わせて、ツタ状植物をモデルにしています。

モデリングに使う操作は、キャラクターの時と同様です。簡単に流れを紹介します。

■「葉っぱ」のモデリング

まずはメインとなる「葉っぱ」をモデリングします。

「ポリゴン」の「直方体形状」†を作成し、「サブディビジョン・サーフェス」†を適用します。

直方体形状の左右端部を「切断」†しつつ、「ベベル(押し出し)」†によって細長い形にします。「葉っぱ」の形になるよう、頂点を移動して形を整えます。

側面から見たときに円弧状になるよう、回転移動させて仕上げます。

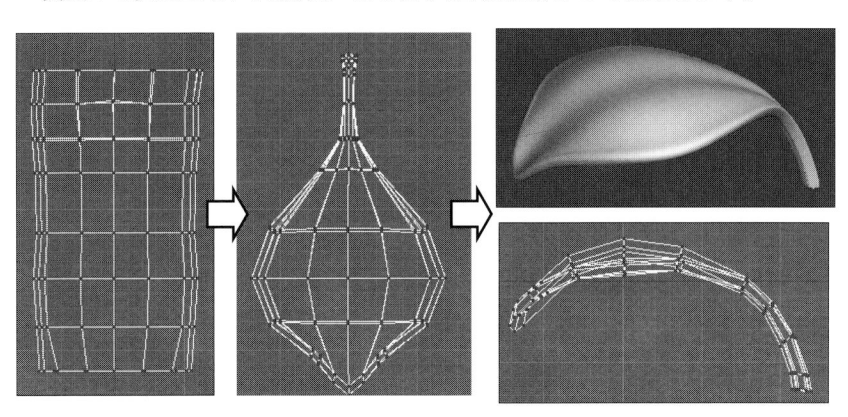

■「ツタ」のパーツ

　台座の土台になる「ツタ」をモデリングします。

　「ポリゴン」の「直方体形状」[†]を作り、「サブディビジョン・サーフェス」[†]を適用します。

[1] 上面図より、円形の外形になるよう、面を「切断」[†]し、頂点を移動します。

[2] 「ベベル（押し出し）」[†]により底部は平べったい形に、上部は「ツタ」として伸ばすように押し出します。

[3] 押し出しを繰り返し、先端は丸まった形になるよう回転移動も組み合わせます。

[4] 「ツタ」としての形になるよう整えます。

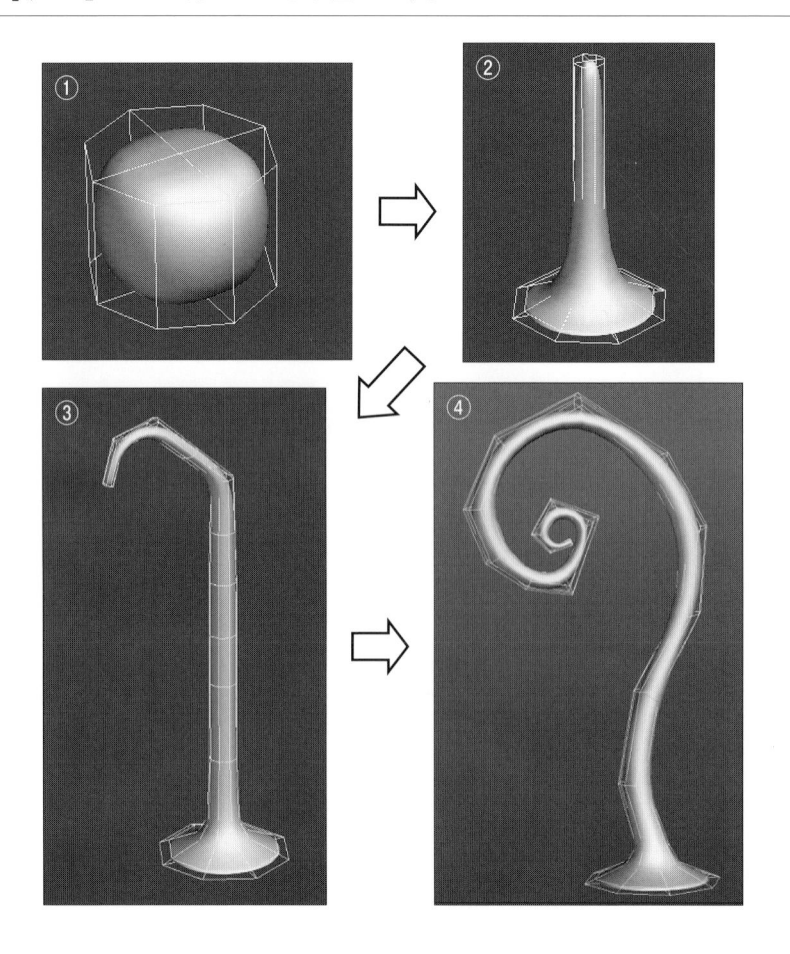

■ UV 展開

　後工程でテクスチャを貼り付けできるよう、事前に「葉っぱ」と「ツタ」のUV
を展開します。手順は [2-4] と同様です。

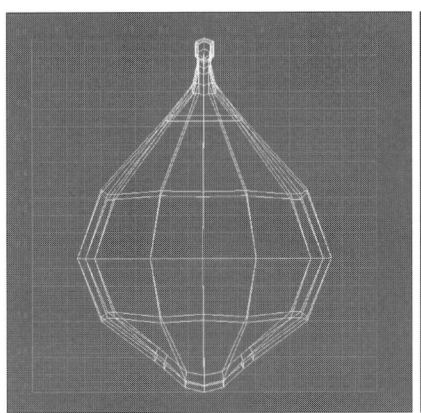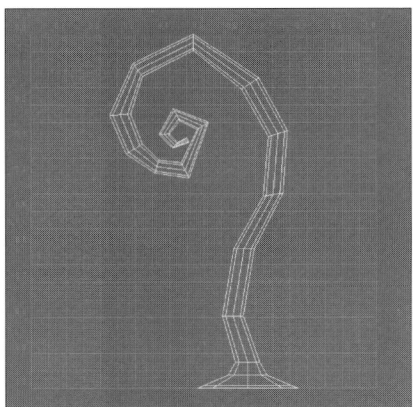

■「葉っぱ」と「ツル」の組み合わせ

　「葉っぱ」の茎の部分を、「ツル」に沿わせるように形状編集します。葉っぱを
複製しながらツルに組み合わせれば完成です。単調にならないよう、大きさや
形を微妙に変えて、変化を付けています。

　この時点で「表面材質」ウインドウから仮の色付けをしてもよいです。

 コラム よく使うモデリング機能の紹介

■ ベベル（押し出し）

　ベベル選択時にツール・パラメータを見ると、他にもアイコンがあることが分かります。この中の「ベベル」もよく使う機能です。

　「ベベル」を選んで、複数の面が選択されている場合は、個々の面が独立して押し出されます。応用範囲は広いのですが、たとえば刺々しい／凸凹した形状を作りたい場合にも利用できます。

　なお、「ベベル」の操作は「押し出し」と同じです。マウスをドラッグすると表示される仮想ジョイスティックに沿って操作します。

 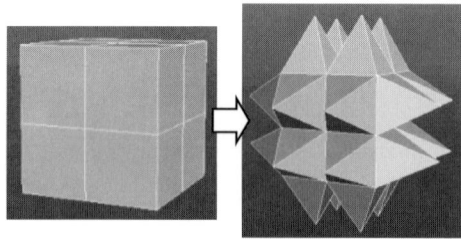

■ スライド

　「スライド」は「Shade3D」のver.16から搭載された、比較的新しい機能です。

　2つの頂点間を補完するように、選択した頂点を変形しつつ移動させることができます。「腕」や「足」の形が不自然にならないよう頂点（関節などの部位）を移動させたいときなどにも使えます。

　操作方法は「ベベル」の時と同様のマウス操作です。

 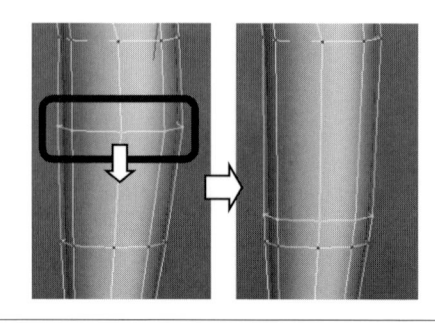

第3章

ポージング

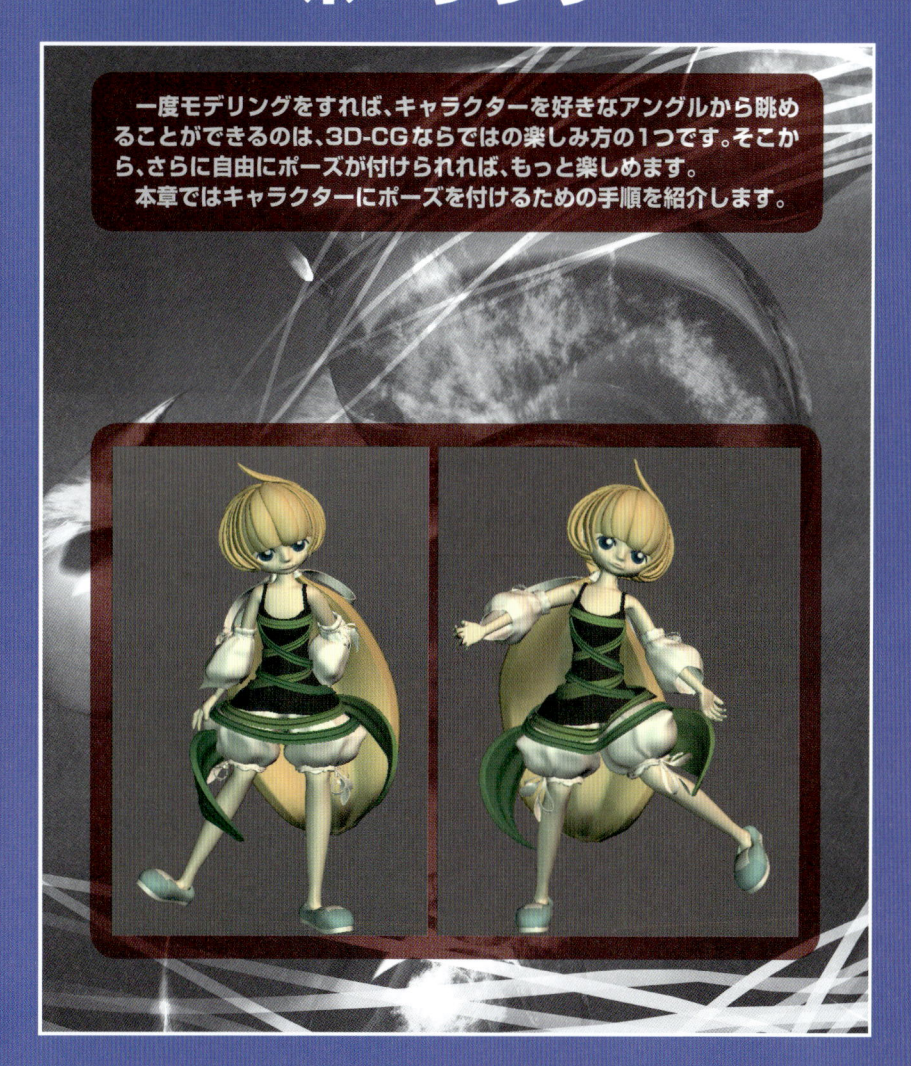

一度モデリングをすれば、キャラクターを好きなアングルから眺めることができるのは、3D-CGならではの楽しみ方の1つです。そこから、さらに自由にポーズが付けられれば、もっと楽しめます。
　本章ではキャラクターにポーズを付けるための手順を紹介します。

3-1　「ボーン」の作成

■「ボーン」とは

　キャラクターを自由に動かすため、関節に相当するパーツを設定する必要があります。

　「Shade3D」には関節の役割として「ジョイント」と「ボーン」の2種類が準備されています。
キャラクターのポージングや、アニメーションなどの用途に合わせて、主に次表のように使い分けることが多いです。

　本書では下記表のうち、「ボーン」を使います。

　キャラクターのポージングには「ボーン」が最も使い勝手が良いためです。

　また、「ボーン」を設定したモデルであれば、他ソフト（ゲームエンジンなど）にインポートできるなど、応用範囲も広がります。

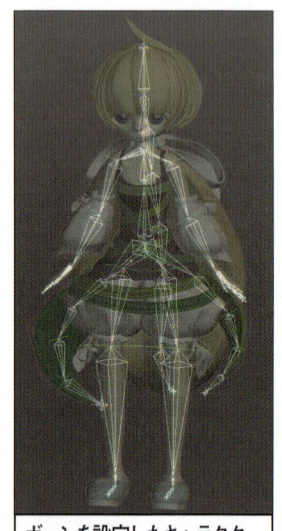

ボーンを設定したキャラクター

名　称	概　要
直線移動ジョイント	モデルを 1 方向に直線移動 （使用例）車の走行。引き戸の開閉アニメーション
回転ジョイント	モデルを 1 方向に回転移動 （使用例）肘・膝の動作。扉の開閉アニメーション
拡大縮小ジョイント	モデルを 1 方向に拡大 / 縮小 （使用例）キャラクターが巨大化するアニメーション
ボールジョイント	モデルを 3 方向自在に回転 （使用例）肩や首などキャラクターの関節
パスジョイント	任意の線形上に沿って移動 （使用例）車や電車の走行アニメーション
変形ジョイント	複数のモデル間を補完しながら、表示を切り替える （使用例）表情の変化のアニメーション
ボーン	モデルを 3 方向自在に回転 ボールジョイントと同等の機能に加えて、回転動作の角度範囲が指定できる。

■「ボーン」の作成

　「ボーン」はその名称の通り、骨のようにつながることで、キャラクターの骨格になります。

● 腰～胸元

　一般的には「腰」の部分を起点に、各「ボーン」をつなげていく作業となります。

　さっそく、腰の位置に「ボーン」を作ります。

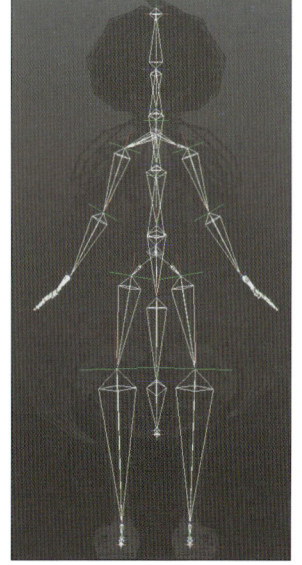

[1] 横から見たときに、キャラクターの中心線上に「ボーン」が配置されるよう、側面図でキャラクターの中心線をクリック。

[2] ツールボックスより、「パート」→「ボーン」の順に選択。

　ツール・パラメータ内の「自動で軸合わせ」にチェックが付いていることを確認してください。

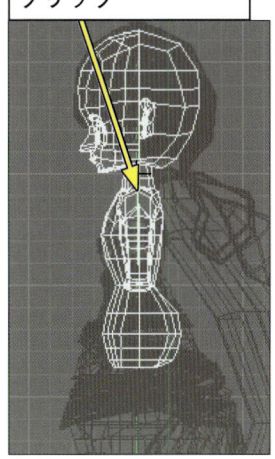

①側面図の中心線を
クリック

[3] 正面図で、おへそのあたりをクリックしながら上方にドラッグ。

[4] ブラウザ内に「ボーン」が作られます。

　なお、「ボーン」の表示の大きさは、作例図と同じでなくても、ここでは問題ありません。

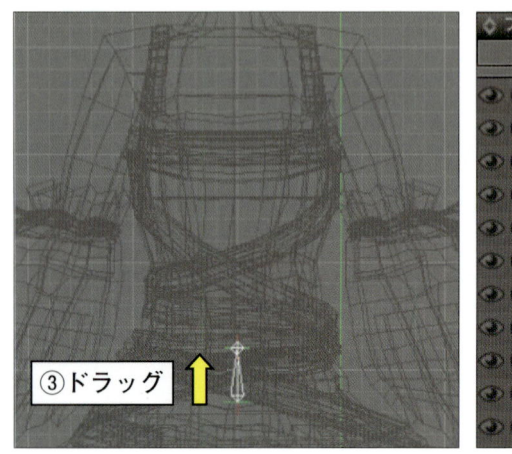
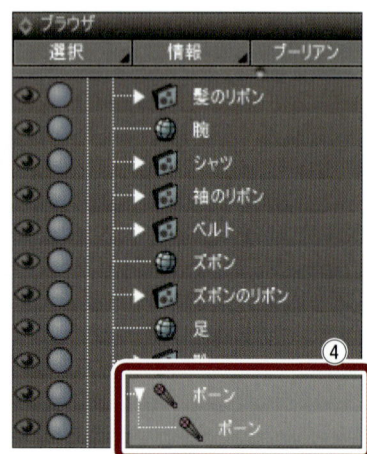

[5] 再度、ツールボックスより「ボーン」を選択。

ブラウザにて⑤**下層の「ボーン」のみ**を選択した状態で、⑥正面図の胸元付近を**クリック**。

　すると、先ほど作成した「ボーン」に連なる形で、⑦新しい「ボーン」が作られます。

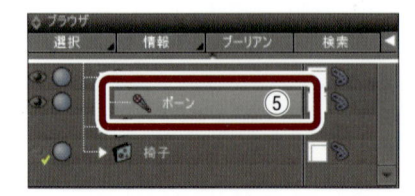
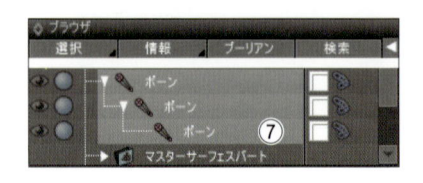
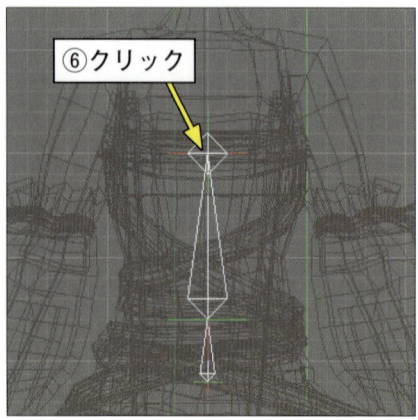

● 上半身

[1]同様の操作で、①首の根元、②顔と首の継ぎ目、③顔の真ん中、④頭頂部を順番にクリックし、「ボーン」が連なるように作ります。

[2]「ボーン」の名称を整理します。作例では次図のようにブラウザ内の「ボーン」に名称を付けています。

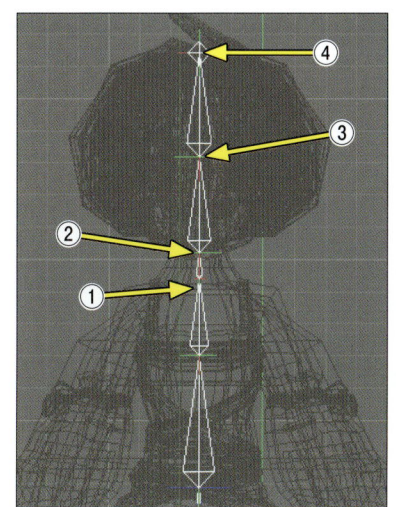

[3]「後髪」も独立して動かせるように、「ボーン」を仕込みます。

ブラウザから、⑤「顔」の「ボーン」を選択。

側面図より⑥「後髪」の根元をクリックし、「ボーン」を作ります。

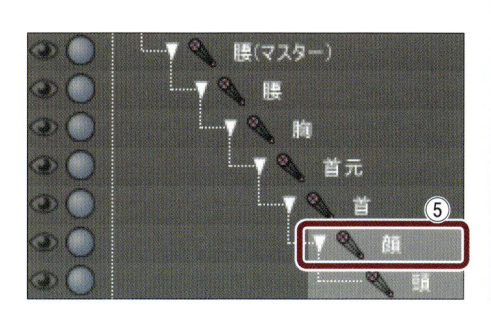
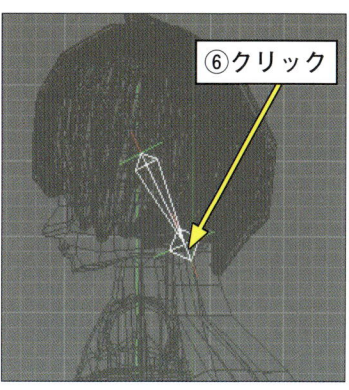

⑥クリック

[4] ブラウザを見ると、「後髪」に仕込んだ「ボーン」は「首」の「ボーン」以降で、「顔」の「ボーン」と枝分かれして作成されます。

　特定の「ボーン」(今回は顔)の動きと独立させたい場合には、このように途中で分岐した「ボーン」構造にすることもできます。

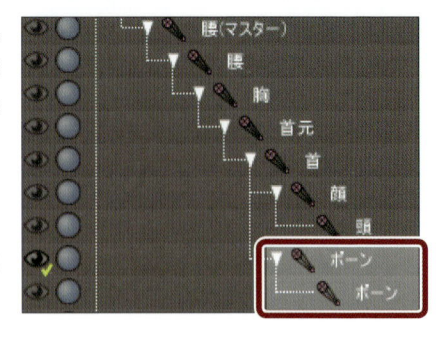

[5] 続けて、「後髪」に連なるように、次図のように「ボーン」を仕込みます。

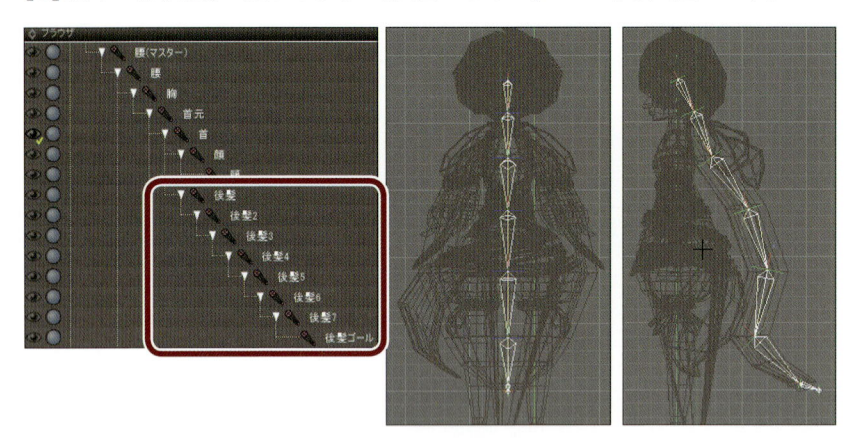

[6] 次に、左肩から腕にかけての「ボーン」を作ります。
ブラウザから、⑦「首元」の「ボーン」を選択。
　「正面図」から、⑧左肩の付け根付近をクリックし、「ボーン」を作成します。

[7] ブラウザを見ると、作成した「ボーン」が「胸」以降で枝分かれしてぶら下がっています。ブラウザ内でこれを⑨ドラッグし、「首元」の「ボーン」以下にぶら下がるようにします。

　このように、「ボーン」構造はブラウザ内でのドラッグ＆ドロップで組み替えることもできます。

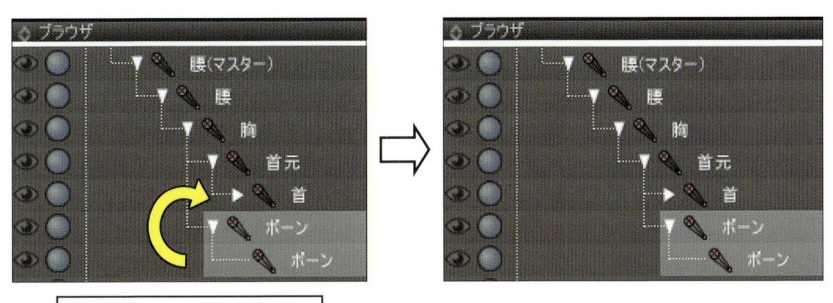

⑨ドラッグ＆ドロップ

[8] 左腕から指先にかけての「ボーン」を次図のように構成します。

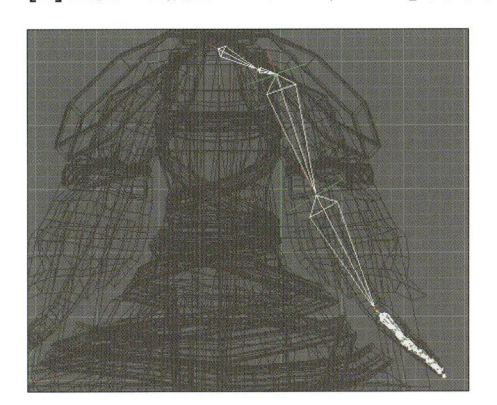

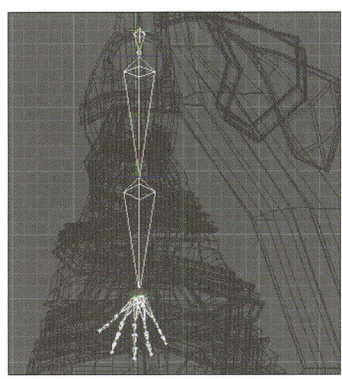

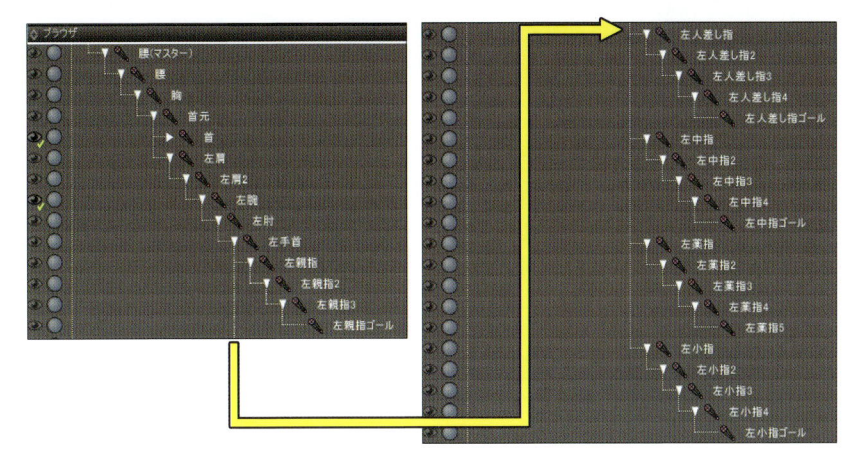

[9] 右肩以降の「ボーン」は、数値入力により左右対称に複製[†]します。

　ブラウザ内の各ボーン名称は「左○○」→「右○○」に変更しましょう。

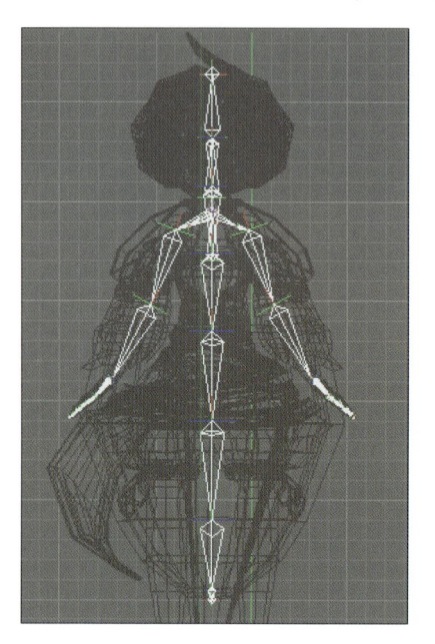
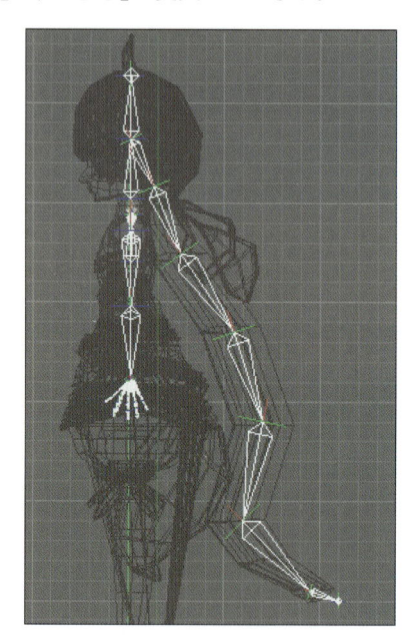

　これで「上半身」の「ボーン」は完成です。

　「ボーン」を作っていく過程で、操作を間違えると「ボーン」があらぬ方向を向いてしまう場合があります。

　これを修正することは可能なのですが、「ボーン」の構成作りに慣れなれていないうちは修正が難しいかもしれません。

　いちばん確実なのは、こまめにシーンデータを保存して、後戻りできるようにしておくと安心です。

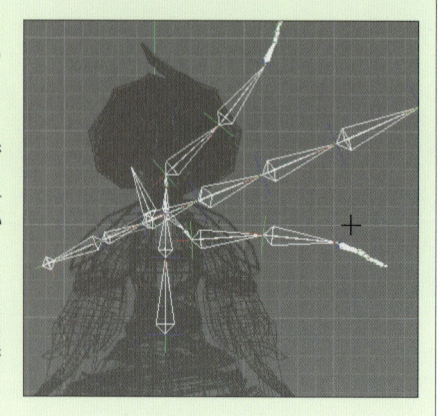

● 下半身

　大元の腰の「ボーン」(腰(マスター))から分岐するように、左もも付け根の位置に「ボーン」を作ります。

[1] まず、ブラウザから、「腰(マスター)」の「ボーン」を選択します。

　「正面図」から、腰から左ももの付け根に向けてマウスをドラッグします。すると次図のように「ボーン」が作成されます。

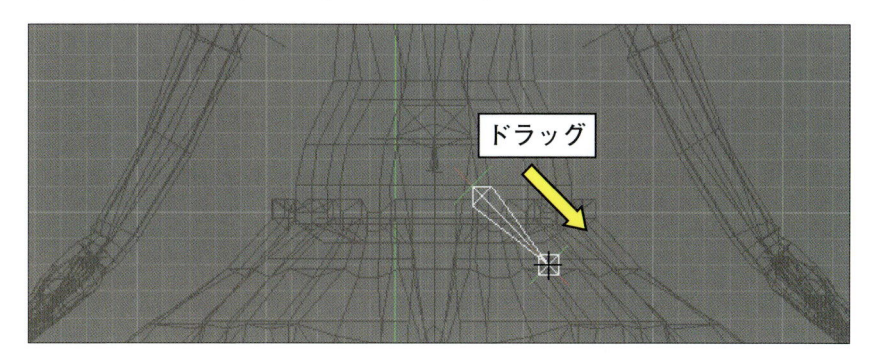

[2] 作成した「ボーン」をブラウザ内でドラッグし、「腰(マスター)」の「ボーン」以下にぶら下がるようにします。

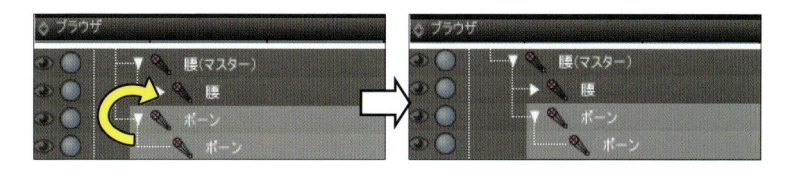

[3] 「左もも」から「足先」にかけての「ボーン」を、次図のように構成します。

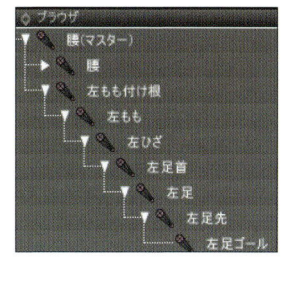
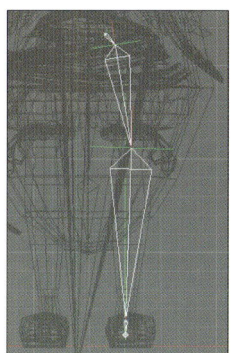
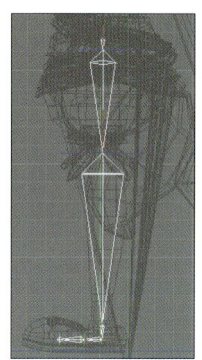

[4]「右もも」についても、数値入力で左右対称に複製†します。

[5] 本作では「ベルト」も独立して動かせるように、次図のように「ボーン」を仕込みます。

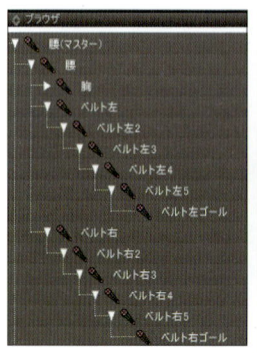
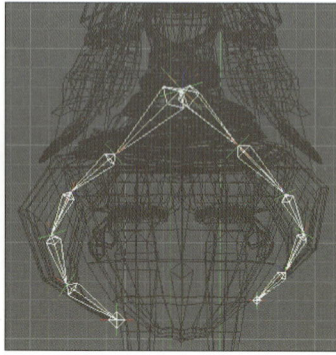
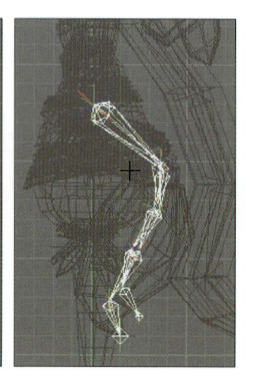

[6] その他「スカート」など、体の動きとは独立して衣装を動かしたい場合に、衣装に「ボーン」を仕込むのも有用です。

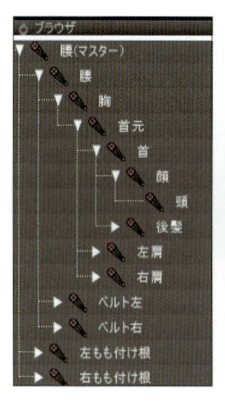
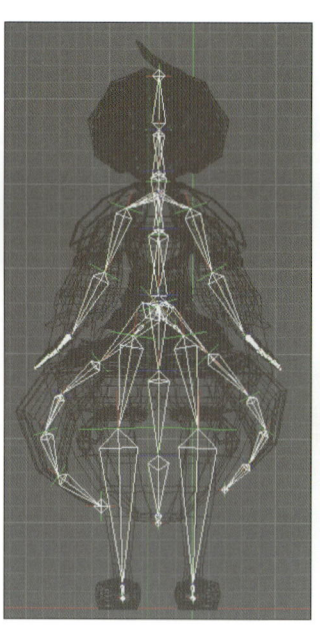
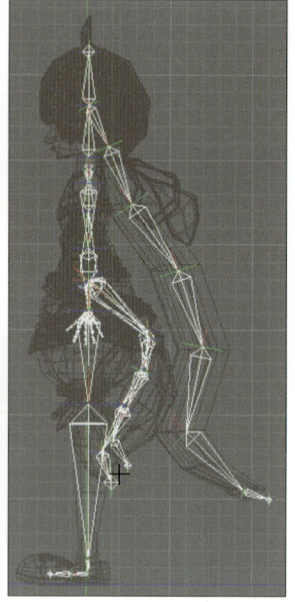

　以上で、すべての「ボーン」が作成できました。

3-2 「バインド」の設定

前章で作成した「ボーン」だけでは、キャラクターに"ポーズ"を付けることはできません。「ボーン」とモデルとを関連付ける「バインド」という操作をする必要があります。

■ 顔への「バインド」の設定

[1] ブラウザから「顔」モデルを選択。「形状編集モード」[†]にし、①すべての頂点を選択。

[2] 「表示」メニューから②「スキン」を選択します。「スキン」ウインドウが表示されます。

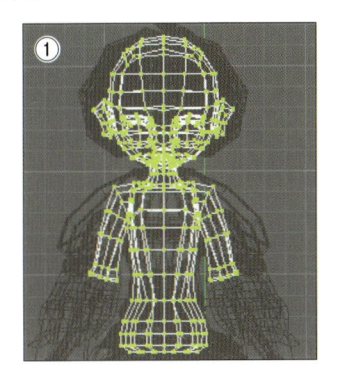
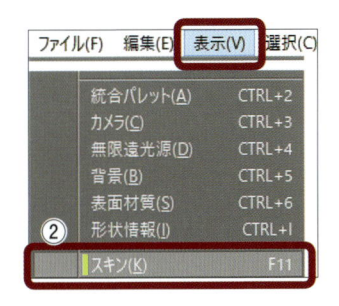

[3] 「スキン」ウインドウ内の③「頂点ブレンド」を選択。

[4] すると、「スキン」ウインドウは次図のような表示に切り替わります。
　　この中で顔モデルの頂点を各「ボーン」に関連付ける編集作業を行ないます。
　　1つ1つの頂点を手作業で関連付けるのは大変です。
　　そこで、自動で関連付けを行なうため、④「バインド」ボタンを押します。

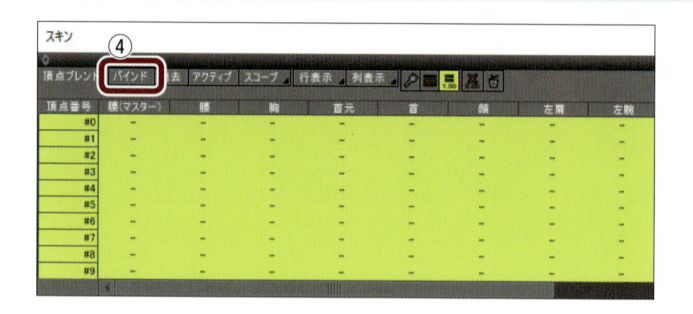

[5] すると、「頂点」と「ボーン」が自動で関連付けられます。

各数値は、「頂点」に対する「ボーン」の影響度です。

たとえば、次図の#2頂点は、「顔」ボーンの影響を「0.98」受けていますが、2番目に影響を受ける「首」ボーンの値も「0.02」だけ受けています。

※ 影響度の値は「1.00」が最大。

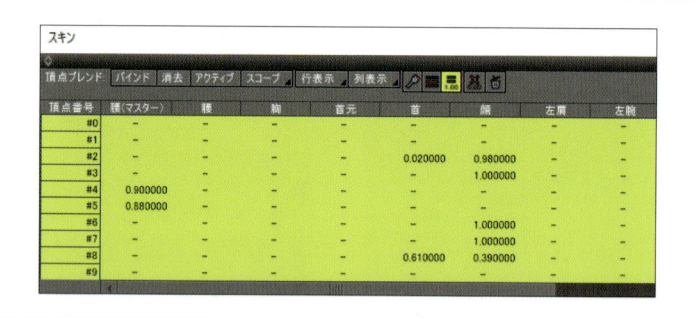

■「ボーン」を使ってモデルを動かす

「ボーン」を使って、顔モデルを動かしてみましょう。

*

ブラウザから、①「首」ボーンを選択します。統合パレットの②「情報」タブを選択します。

「オイラー角」の項目内にある、X, Y, Zの③各スライダーを左右に動かしてみましょう。スライダーに連動して顔形状が動きます。

ワンポイント

> 「ボーン」の変形を元に戻したいときは、ブラウザ中の「ボーン」（今回は「首」の「ボーン」）を右クリックします。
> 「ジョイントをリセット」を選択すると、選択「ボーン」以下の階層をすべて元の位置に戻します。「すべてのジョイントをリセット」を選択すると、階層に関係なくすべてのジョイントの位置が元に戻ります。

　あごの先端にある頂点が、顔の動きに追従しきれていないことを見付けました。そこで、次項で「バインド」の修正を行ないます。

Zスライダー変更時

あごの頂点が追従していない

Yスライダー変更時

■「バインド」の修正

　「バインド」によって、形状と「ボーン」との関連付けは自動で行われます。

　しかし、別の「ボーン」が付近にあり、干渉する場合は、正しい関連付けができません。

　そのような部位に対しては手作業での修正が必要です。

[1]顔形状の「あごの部位」の頂点を選択。

[2]「スキン」ウインドウを表示すると、選択した頂点の行のみが黄色く表示されます。

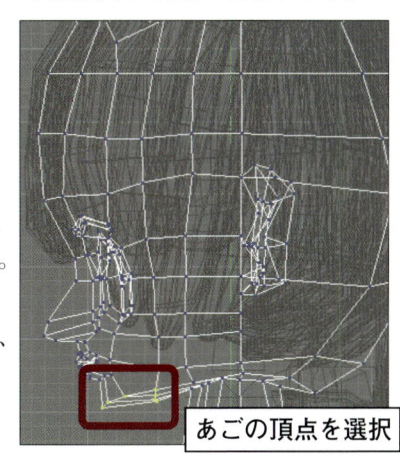

あごの頂点を選択

[3]「ボーン」の影響度を見ると、首元と首に値が入っています。

　「あご」は顔の動きに100%追従してほしいため、「顔」の欄に値「1」を入力します。

[4]再度、首の「ボーン」を操作します。あごが顔の動きに追従していることを確認してください。

■ すべての形状に「バインド」を適用

顔への「バインド」操作と同様に、他のすべてのモデルに対して「バインド」を適用します。

ワンポイント

　「髪の毛」や服のリボンなど、パートに内包されているモデルに対して、パート丸ごとに「バインド」を適用することはできません。手間にはなりますが、パートを展開して、形状1つ1つに対して「バインド」を適用します。

ワンポイント

　「バインド」は頂点付近の「ボーン」との関連付けを自動で行ないます。

　たとえば、足のモデルは足関係とベルトの「ボーン」が付近に混在しています。そのため、足のモデルにはベルトの「ボーン」の影響度も含まれてし

まいます。

そこで、「バインド」したい「ボーン」にのみ、ブラウザの「バインド」欄にアイコンを表示さて「バインド」操作を行ないます。

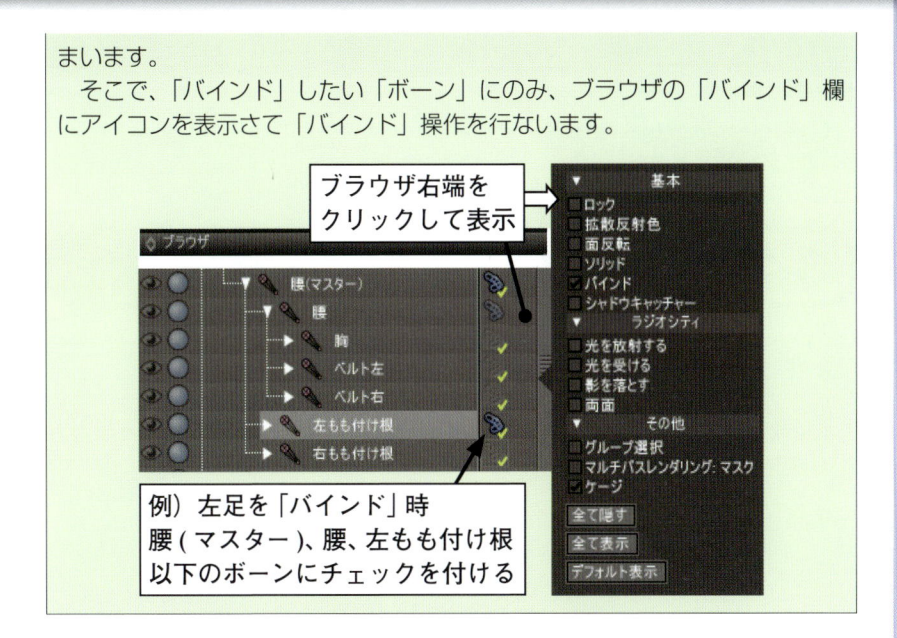

各モデルが影響を受ける「ボーン」を大別すると、次図のようになります。

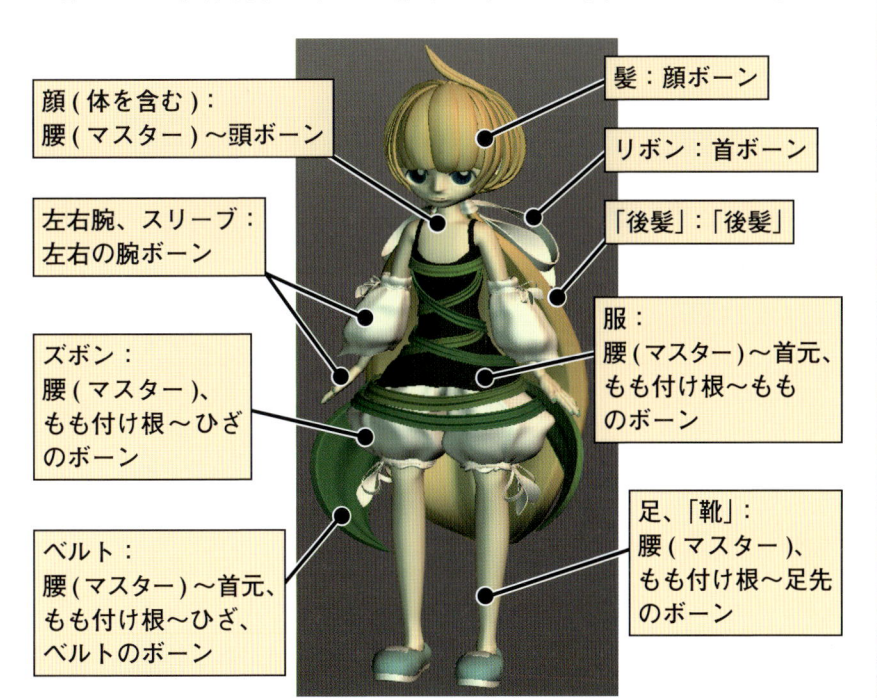

　統合パレットの「情報」タブから各「ボーン」を動かしたときに、モデルが追従して動くことを確認しましょう。

　意図しない変形があった場合は、前項で行なった操作と同様に、「ボーン」の影響度を修正します。

3-3　ポージング

■ キャラクターのポージング

　長い道のりでしたが、これでキャラクターにポーズを付けられるようになりました。

　本作では表紙のポーズになるよう、「ボーン」を操作しました。

ワンポイント

> 　イメージしているポーズにするために、「ボーン」の X/Y/Z いずれのスライダーを操作したらいいのか、慣れないと難しいかもしれません。
> 　自身の体を動かす際に、どちら方向に関節を回転させるとどのような動きになるか、鏡などを見ながら参考にするとよいでしょう。

■ 台座との組み合わせ

　最後に台座を表示し、キャラクターが座ったポーズになるよう組み合わせます。

　視点を回転させながら、体の所作におかしな点がないか、モデル同士がめり込んでいる箇所がないかをチェックします。

コラム 知っていると便利な機能

■ ケージワイヤフレーム

「サブディビジョン・サーフェス」によってポリゴンの角を丸めても、ワイヤフレーム表示では角ばり、実体に沿っていない場合があります。

そこで、メニューバーの「図形」内にある「ケージワイヤフレーム」をONにすると、「サブディビジョン・サーフェス」が適用されたモデルに沿ったワイヤフレーム表示に切り替えができます。

ケージワイヤフレーム OFF

ケージワイヤフレーム ON

■ コマンドパレット

モデリングを中心に、作業効率を向上するには、ショートカットキー[†]は欠かせません。しかし、使うショートカットの数が増えると、覚えきるのも大変です。

そこで、よく使うツールを好きなように選んで、1つのウインドウにまとめる「コマンドパレット」が便利です。

メニューバーの「表示」内にある「コマンドパレット」を選択すると、右図のパレットが表示されます。最上部の歯車のアイコンをクリックすると、好きな操作を登録できます。

再度、歯車のアイコンをクリックすれば、登録完了です。

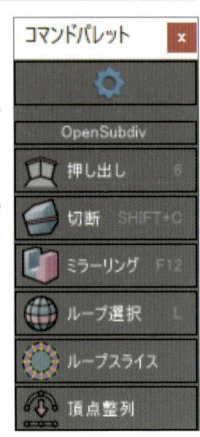

第4章

「材質設定」と「レンダリング」の基礎

この章では、作ったモデルをシーン内に配置して、レンダリングするまでの流れを、チュートリアル形式で解説していきます。

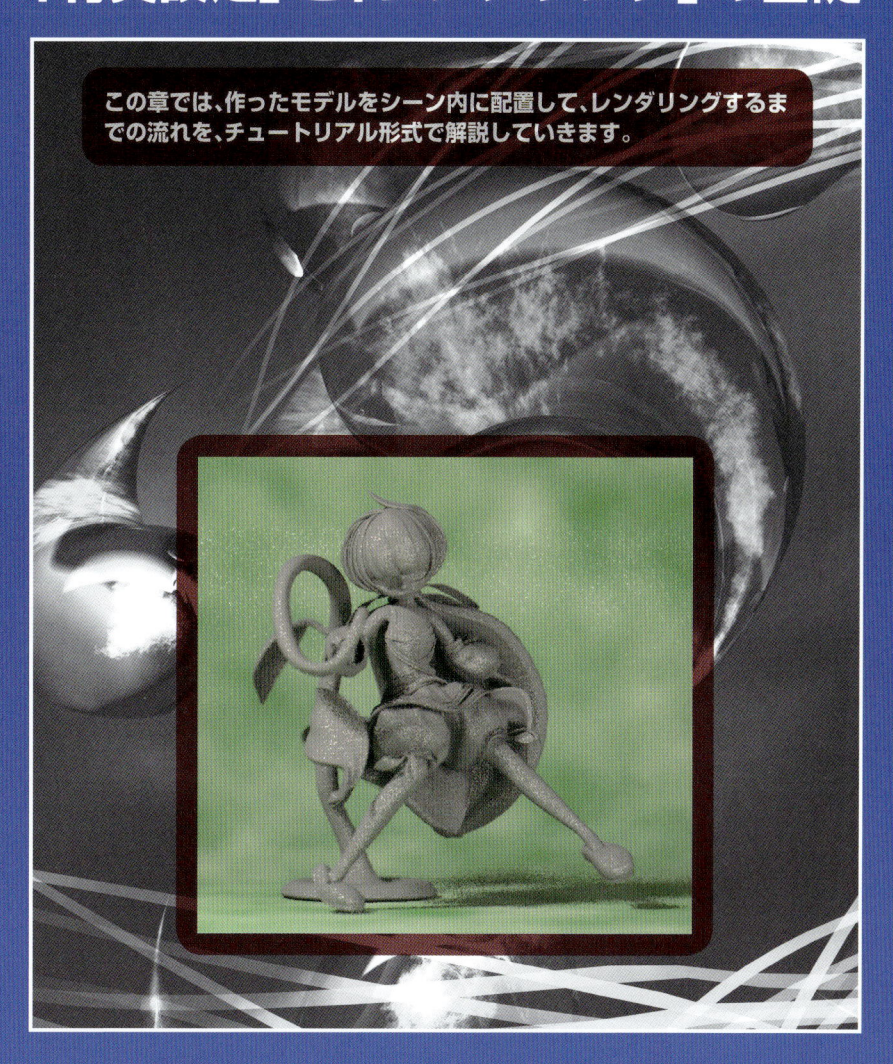

4-1　3D-CG の基本要素

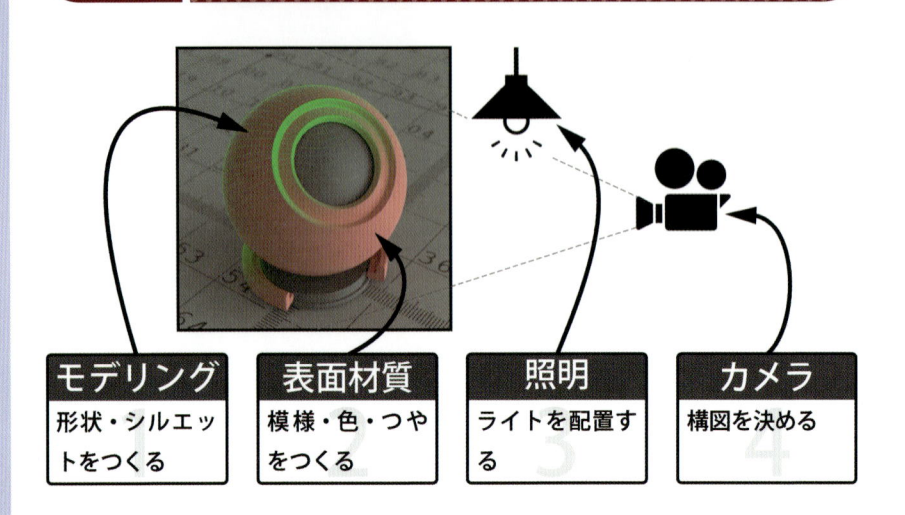

モデリング	表面材質	照明	カメラ
形状・シルエットをつくる	模様・色・つやをつくる	ライトを配置する	構図を決める

　3D-CG の制作は、①「モデルの作成」から始まり、②「表面材質」の設定、③「照明」のセットから、④「カメラ」の設定へと進みます。

　現実の写真と同様に、「物体の質感」「照明のあて方」や「カメラの設定」は、作品の出来映えには非常に重要なファクターで、私たちはその設定を1つ1つ決めていかなければなりません。

　同時にこの、「表面材質」「照明」「カメラ」の設定は、「Shade3D」でシーンを作る際の、一つの難所でもあります。

　「表面材質」「照明」「カメラ」の3つは、いずれも陰影の付き方に関係する設定なので、どれか1つを正しく調整しても、他の2つが設定が悪いと、質のいいレンダリング結果を得ることはできません。

　初めて3D-CGを制作するという場合には、上記の3つを揃えるまでの間、絵が完成に近づいているかどうかを途中で確認するのが難しく、制作が困難になりがちです。

　この章は、調整ずみの3点セットを整えるまでの手順をチュートリアル形式で構成しました。

　まずは一度、全体の流れを掴むつもりで取り組んでみてください。

4-2 「表面材質」の作成

グレーの表面材質
塗装の「サフ吹き」状態のような材質

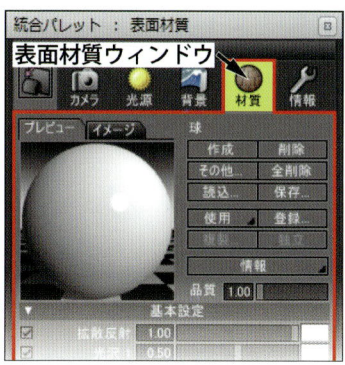

まずは、モデルの「表面材質」を設定していきます。

「表面材質」は、物体の色や光沢感などを調整する属性で、「表面材質」ウィンドウ[†]で管理します。

作ったばかりの形状には、デフォルトで真っ白な「表面材質」が設定されます。ここでは、作業用の材質として、図のようなグレーの材質でオブジェクトを塗っていきましょう。

塗装の「サフ吹き」をイメージした材質で、デフォルトの白よりも形状の確認や、照明の調整が少しやりやすくなります。

■「表面材質」の再設定

[1] モデルの色をグレー一色にするため、2章で仮設定した「表面材質」をいったん削除します。

削除前に「名前を付けて保存」[†]でシーンのバックアップを取ったあと、「表面材質」ウィンドウ[†]の「削除」ボタンでモデルの材質を取り除いていきます。

表面材質を
いったん削除

[2] ブラウザ[†]上でルートパートを選択し、「表面材質」ウィンドウで「作成」を選択して新しい「表面材質」を割り当てます。

ルートパートを選択

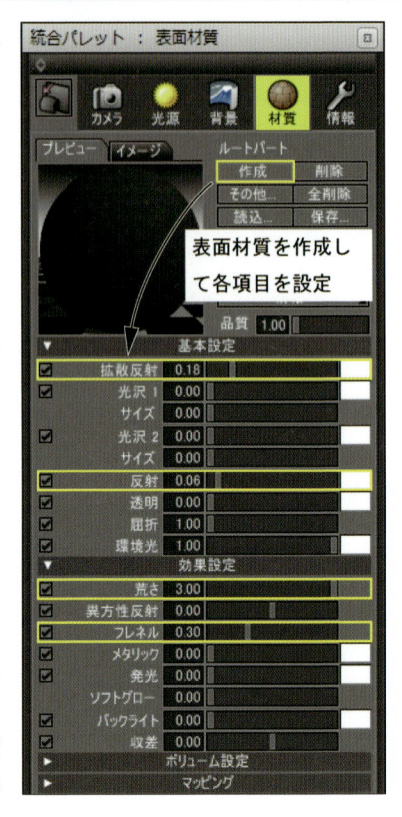

表面材質を作成し
て各項目を設定

[3]そして、各種設定をグレーの材質に
あわせて以下のように割り当てていき
ます。

拡散反射	0.18
反射	0.06
粗さ	3.00
フレネル	0.30

　これ以外の設定値はすべて「0.00」に
します。
　デフォルトでは「光沢」に値が入った状
態になっていますが、今回は使わないの
で、これも「0」にしておきましょう。

ワンポイント

　スライダ値は、スライダを左右に動かして調節する以外に、テキストボッ
クスをクリックすると値を直接入力できます。

　スライダでは左右に目いっぱい振ったときの上限値が設定されていますが、
この上限値よりも大きな値を使ういくつかの設定値では、テキストボックス
から値を直接打ち込んで入力しています。

　また、Ctrlキーを押しながらテキストボックスをクリックすると、数値入
力用のダイアログボックスが現われてさらに細かな数値が入力できます。
　これは「Shade3D」の「数値入力用テキストボックス」に共通の操作なので、
覚えておくと便利です。

4-3 「スタジオ」の作成

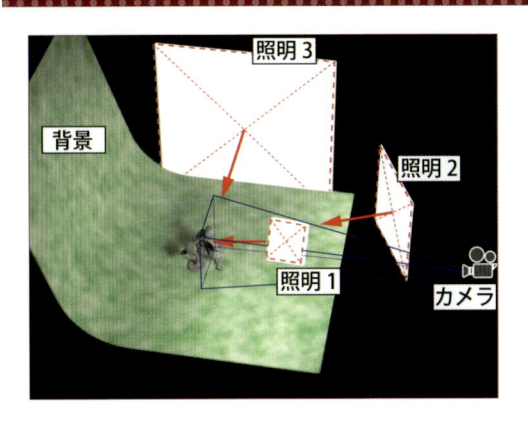

続いて、「照明」を作っていきます。

ここでは、「照明」のほか、「床」と「背景」も作って、「スタジオセット」を一式揃えます。

今回作るのは、上図のように「背景」と「面光源の照明3 灯」からなる「簡易スタジオ」です。

■「床」と「背景」の作成

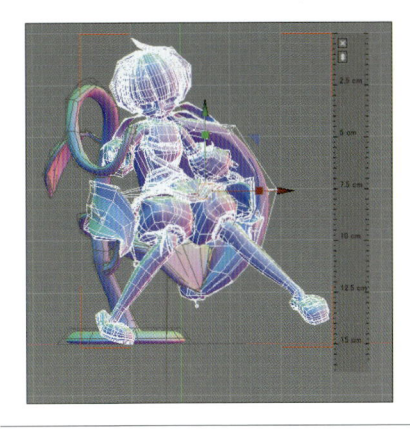 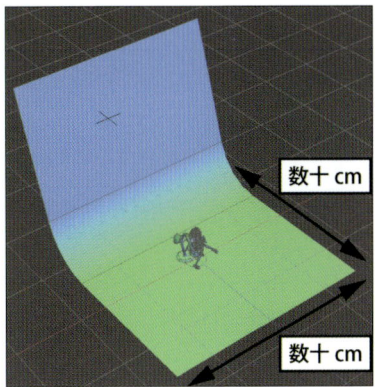

数十 cm

数十 cm

---

[1] まずは、「床」と「背景」の大きさから決めていきます。

「定規」†を表示して撮影対象の大まかな大きさを測り、スタジオの大きさをイメージします。

ワンポイント

　対象が小物なら数十cm〜1m四方くらいが適切な大きさです。

　小物の写真撮影を想定する場合、対象物がどんなに小さくてもカメラや照明器具はの小型化には限度があるため、スタジオも30cmより小さくなることはまずありません。

　また、小物を撮影するために部屋を丸ごと撮影ブースにする人もまずいないので、大きくても卓上サイズのスタジオであるのが普通です。

　スタジオと対象物との大きさの対比も、CGのリアリティを引き出すポイントの1つですから、目的に合った大きさを決めていきましょう。

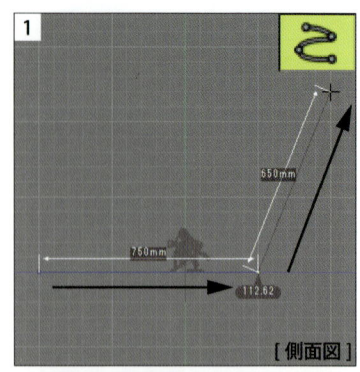

[側面図]

[2]撮影対象の大きさまだ調整していない場合は、ここで拡大縮小して合わせます。

　今回の撮影対象は、全高18cmの卓上フィギュアサイズで、スタジオは80cm四方くらいのものを作っていきます。

① 「開いた線形状」ツール†で断面を引きます。
② 「掃引体」ツール†で面を貼ります。
③ 「形状編集モード」†で、「床」と「背景」の境界のアンカーポイントを選択し、「角の丸め」ツール†でアールを入れます。

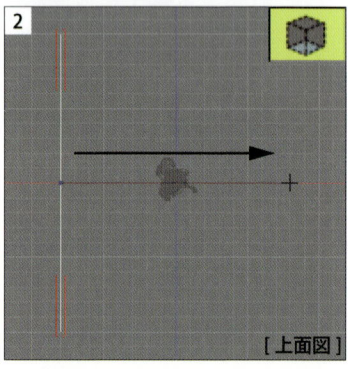

[上面図]

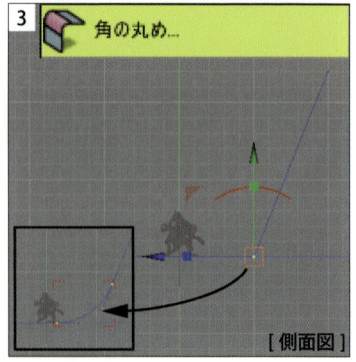

角の丸め...

[側面図]

ワンポイント

　「背景」は、垂直よりもわずかに角度を付けるほうが、「照明」のときに柔らかいグラデーションを出しやすくなります。背景の配置は、あとで微調整してもかまいません。

[3] 背景の形状には、「表面材質」を設定しておきます。

グレーのままでも良いのですが、床がのっぺりしているとレンダリングしたときに少し確認がしづらいです。

背景の形状の「表面材質」は、以下のように設定しました。

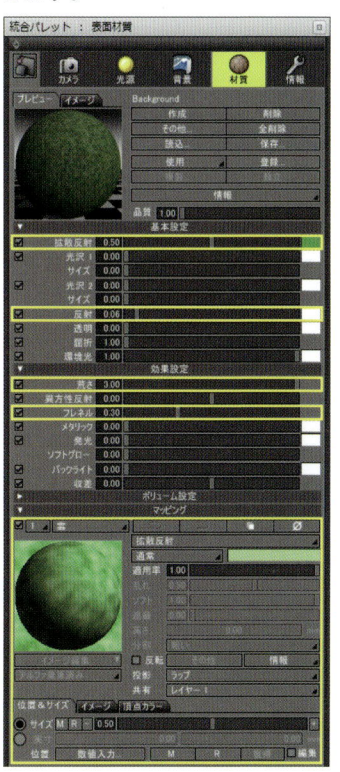

拡散反射	0.50、色 (62,165,38)
反射	0.06
粗さ	3.00
フレネル	0.30
マッピング	雲
属性	拡散反射、色 (179,255,147)
サイズ	0.2 くらい。

マッピング「雲」のサイズスライダ値は、スライダ操作中に表示されるバウンディングボックスが50cm角くらいになる大きさが目安です。

■「照明」の作成

続いて、「照明」を作っていきます。

[1] 「長方形」ツール†で、「照明」のもとになる「閉じた線形状」を作ります。10cm×10cm くらいの正方形を作ります。

[2] 作成した「閉じた線形状」を、撮影対象から50cm程度離して配置します。

[3] 撮影対象の位置に「ボールジョイント」ツール†で、「ボールジョイント」を作り、先ほど作った「閉じた線形状」を入れます。

こうしておくと、ジョイントを動かすだけでライトの位置を変えられて便利です。

[4] ブラウザ†で「光源」のオブジェクトを選択し、「形状情報」ウィンドウ†から「光源属性」を設定します。

光源の種類	面光源
可視	オン
単位	減衰規準距離
明るさ	500mm
光源の色	オン、1.00、色 (255,224,211)

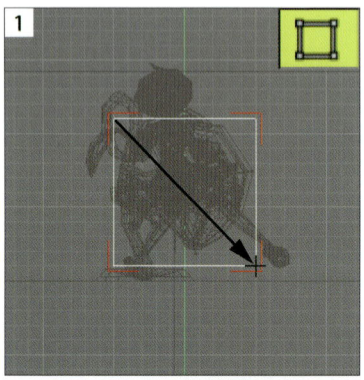

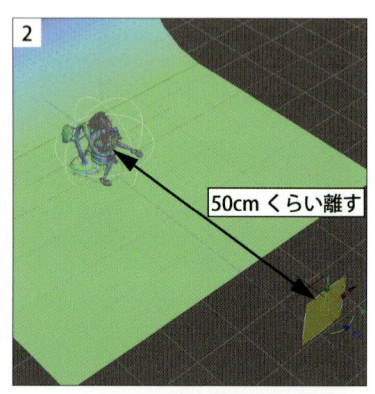

50cm くらい離す

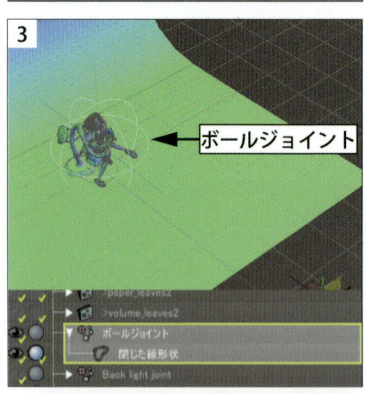

ボールジョイント

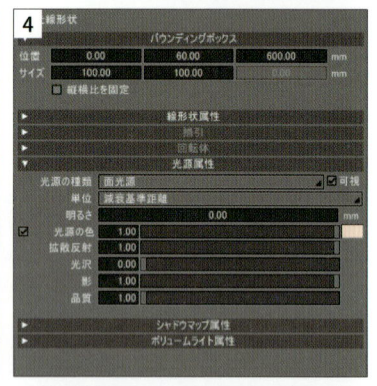

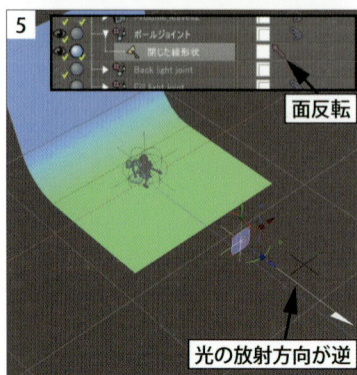

面反転

光の放射方向が逆

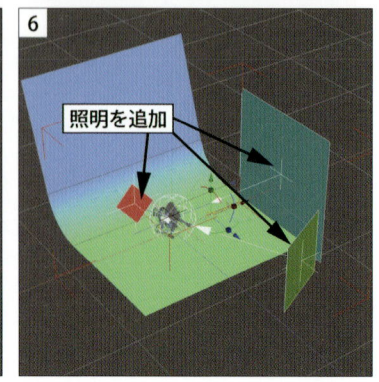

照明を追加

[5] 「面光源」には表裏があります。「光源属性」を設定すると、図形ウィンドウに光の放射方向を表わす矢印が現われるので、向きを確認します。

　「スタジオ」と逆向きに光を放射しているときは、ブラウザ†のチェックボックスを開き、「面反転」にチェックを入れて、面を反転します。

[6] 同じようにして、2つ目、3つ目のライトを配置します。

・ライト2

大きさ	20cm × 20cm
明るさ	500mm

・ライト3

大きさ	40cm × 40cm
明るさ	400mm

[7] 「ボールジョイント」を操作してライトを配置します。

　配置は大まかに決めておいて、あとで微調整します。
　以下は配置の目安です。

いちばん明るいライト	正面斜め上方向に配置する。これは、「影」や「ハイライト」の位置を決めるライト。
中間のライト	最初に配置したライトから見て直交方向または逆方向に配置する。これは、いちばん明るいライトが作る影の部分に光を当てて、影を柔らかくするライト。
いちばん大きなライト	真横方向や真上方向に配置する。これは、窓からの光や空からの光など、環境を照らしている大きな光源を模擬するライト。

[8] 最後に、「光源」ウィンドウ†を開き、デフォルトで有効になっている「無限遠光源」を切っておきます。

　「明るさ」スライダ値を「0.00」に設定します。

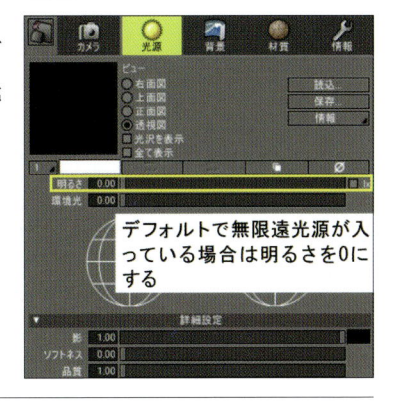

デフォルトで無限遠光源が入っている場合は明るさを0にする

4-4 カメラ設定

続いて、カメラ設定を行ないます。

---

[1]「カメラ」ツール†を選択し、「視点」(カメラの位置)から「注視点」(撮影対象の位置)に向けてドラッグして「カメラ」を作ります。

「カメラ」ツールで作ったカメラはブラウザ上で選択したり、通常のオブジェクトと同様に「移動」「回転」ができます。

[2]「カメラ」ウィンドウ†のカメラ選択メニューで、作ったカメラを選択してオブジェクトカメラから見た視点に切り替えます。

[3]透視図を確認しながら微調整をしてカメラアングルを決めていきます。

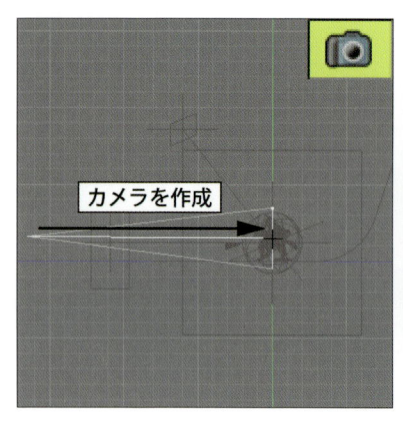

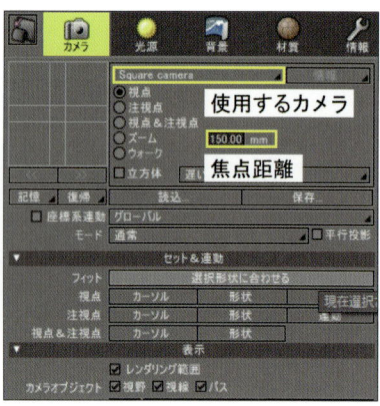

ワンポイント

「焦点距離」のテキストボックスには、レンズの「焦点距離」を入力できます。
これは現実のカメラの「焦点距離」と同じ機能で、視点の位置を変えずに画面を拡大したり引いたりします。小物の撮影だと 100mm くらいを目安に微調整するのがいいでしょう。

カメラアングルを決めるときにも実際の撮影シーンをイメージしながら行なうと、無茶な設定がなくなります。

対象とカメラの距離は、だいたい 50cm ～ 200cm くらいになると思います。

4-5 レンダリング設定

最後に、レンダリング設定を行ないます。

レンダリング設定は、計算上必要なパラメータという意味合いが強く、写実的な仕上がりを目指す場合、設定はほぼ決まっています。

ここは決め打ちで設定していきます。

＊

「イメージウィンドウ」[†]からレンダリング設定を開き、それぞれ以下のように設定していきます。

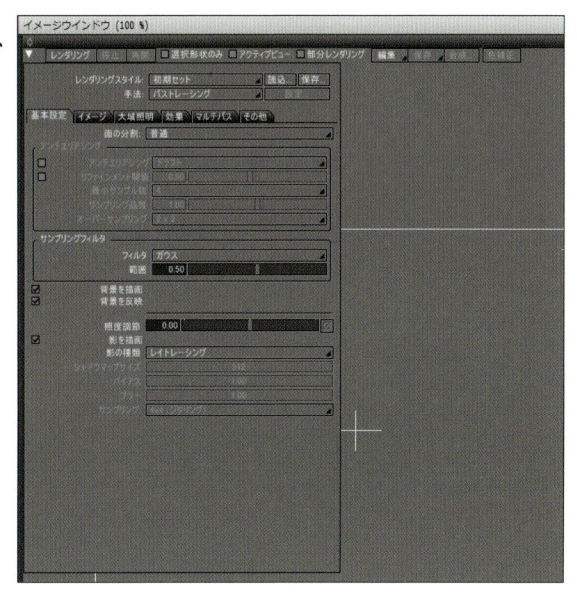

手法	パストレーシング
基本設定タブ	デフォルト
イメージタブ	出力する画像のサイズを指定。 写真でよく使う大きさは「4:3」(640px × 480px)、「1.5:1」(600px × 400px)、「1:1」(500px × 500px) など。 ※ 画像サイズを変更すると微妙にカメラから見た構図が変わってしまうので、必要なら再調整。
大域照明タブ	「大域照明」を「パストレーシング」、「反射係数」を「2.0」に設定。
効果タブ	デフォルト
マルチパスタブ	デフォルト
その他タブ	「視線の追跡レベル」を「4」に、「レイトレーシングの画質」を「25」に設定。

「色補正」ウィンドウ[†]を開き、ガンマを「2.2」に設定します。

　ガンマ値を画像の階調の濃淡を調整する設定値で、「2.2」のときヒトの目に最も自然に見えるようになっています。

　アート目的で画像の明るさを調整する場合以外は、「2.2」から動かす必要はないでしょう。

4-6　レンダリング

　「レンダリング→レンダリング開始(全ての形状)」を選択すると、レンダリングが始まります。

　マシンの性能にもよりますが、レンダリングには数分かかります。

　一度結果が出てしまえば、あとは結果を見ながら個別に微調整をかけていきます。

構図やモデルの形状を修正する以外に、以下のような調整もできます。

■ 画像が全体的に明るすぎる（暗すぎる）とき

「色補正」ウィンドウ†を開き、ゲインを下げ（上げ）、再度レンダリングします。

■ 陰影やハイライトの位置を調整したい

光源の位置や明るさのバランスを変えて、再度レンダリングします。

■ ノイズが多い

「イメージウィンドウ†→レンダリング設定>その他タブ>レイトレーシング」の画質を上げます。

値を2倍にすると、ノイズは半分になって、計算時間が4倍に増えます。

設定値は計算機の演算能力と相談してください。

筆者は、テストレンダリングでは「10～50」、仕上げのレンダリングのときは「120～250」くらいの値を使います。

コラム 「サイズ」マニピュレータ

■「サイズ」モード

「マニピュレータ」†の数あるモードの中で、特徴的なのは「サイズ」モードです。

モデリング作業は通常、「頂点」（稜線／面）の位置を任意に移動しながら形を作り上げます。

マニピュレータのサイズモードでは、数値を入力して形を作ります。

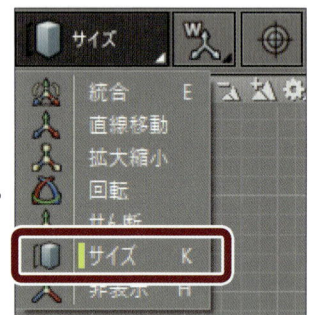

サイズモード中は、選択したモデルの周りに赤い枠と数値（寸法）が表示されます。

寸法をクリックすると、任意の値を入力でき、Enterキーを押すと、その寸法に合わせて形状が変形します。

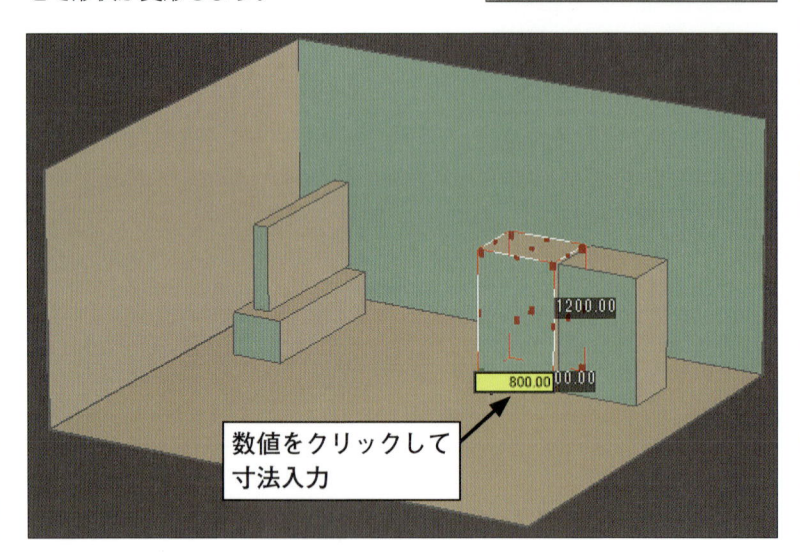

数値をクリックして
寸法入力

「建築レイアウト」や「工業製品」のように、寸法が決まっているものをモデリングする際に「サイズ」モードは便利な機能です。

図面を元に形を作る「3D-CAD」ソフトに少し感覚が似ているかもしれません。

第5章

「表面材質」の基礎

前章では、すべてのパーツをグレーに塗りました。この章ではそれぞれのパーツの色を決めていきます。3D-CGにおける「表面材質」の仕組みは、(a)「光沢感」を制御する「反射」と、(b)「色」を制御する「拡散反射」——という2つの属性で特徴付けることができます。

この章でははじめに、「表面材質」の2つの属性について整理し、続いて、モデルを実際に「着色」する段階へと進んでいきます。

5-1 「表面材質」の構成

　身の回りにある物体は、さまざまな「色」や「つや」で表わされる「質感」をもっています。

　「質感」は、CGにおいては材質ごとの光の反射特性の違いによって表現されます。「表面材質」の作成とはすなわち、その材質の「反射特性」をCGの世界に再現することに他なりません。

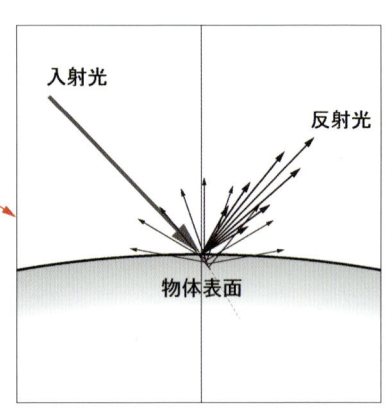

*

　「反射特性」は、大きく2つの成分に分けられます。

---

① 物体表面に入射した光が境界面で跳ね返される「反射」という現象。
② 入射した光が、一度物体の内部に進入したあと、物体を構成する分子によって散乱される「拡散反射」という現象。

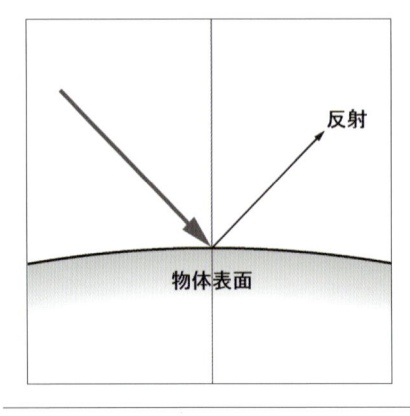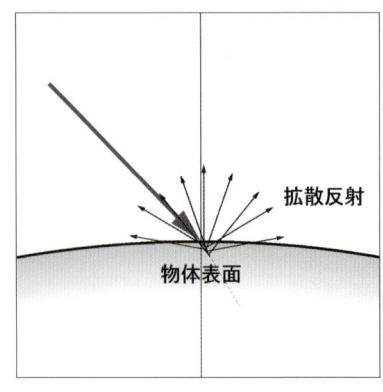

　これは、身の回りにあるさまざまな材質に共通して使えるモデルで、「金属」「プラスチック」「木材」など幅広い材料を取り扱うことができます。

*

　以降では、「反射」と「拡散反射」、それぞれのモデルについて、もう少し詳しく紹介します。

■「反射」のモデル

　「反射」のモデルは、理科で習う「反射の法則」そのままの現象で、「光」は「入射角」と「反射角」が等しくなる方向に反射されます。

　「入射光」と「反射光」の強さの比、すなわち「反射率」は、「表面材質」ウィンドウ[†]の「反射スライダ値」に入力します。

● 反射率

　「反射率」は、「材質」によって少しずつ異なる値をとりますが、大きく分けて「100%」に近い反射率をもつ「金属」のグループと、「6%」程度の反射率の「非金属」のグループに分けられます[※]。

> ※ 正確にはもう少し低く、非金属では 4% くらいになります。
> 　「Shade3D」の「表面材質」システムはやや複雑で、本書で紹介する方法では後述するフレネルスライダ値に 0.3 を設定しておおむね正しい反射率が得られます。

● フレネル反射

　「反射率」は「入射角の深い、浅い」によっても変化します。
　この効果は、「フレネル反射」と呼ばれ「表面材質」ウィンドウ[†]の「フレネル」スライダ値で、その強さを調節しています。

　「フレネル」スライダの値は、「0.1〜0.9」程度の範囲で、状況に応じて使い分けるのがいいですが、「0.3」程度がお勧めです。

> ※「Shade3D」の仕様上、物理的に正しい反射特性を再現できないため、ここは "見た目合わせ" にします。

● 表面の荒さ

　「表面の荒さ」も、同様に反射の特性に影響を与えます。

　物体表面が完全になめらかな場合には、光は鏡面のように決まった方向に反射されるのに対し、物体表面が荒い場合には、光はさまざまな方向に乱反射されます。

　そして、「表面の荒さ」「乱反射」の度合いは「つるつる」「さらさら」といった「質感」の違いを与えています。

　表面の「荒さ」は、「表面材質」ウィンドウ†の「荒さスライダ値」に入力します。「荒さ」は完全に見た目合わせになりますが、「鏡面仕上げ」の「光沢面」では「0.01」、「つや消し仕上げ」では「3.0」くらいが適切です。

＊

　次の図では、「反射率」の大きさと、「表面の荒さ」の組み合わせて、材質が見え方にどのような変化があるのかまとめています。

　細かな調整はレンダリング結果を見て、材質ごとに変更していくことになりますが、この4種類のどれかを基点に調整を始めると、操作しやすいと思います。

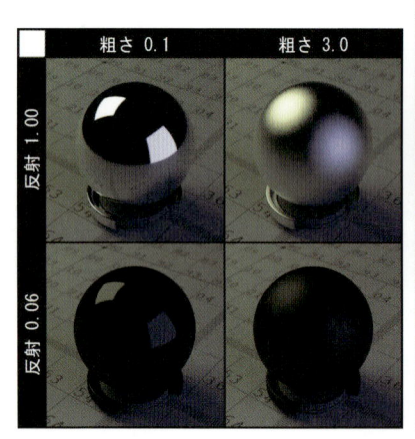

■「拡散反射」のモデル

　「拡散反射」は、入射した光が全方位に均一に反射される形式の反射です。

　「反射」のような「入射角依存性」も、「表面の荒さ」への依存性はなく、設定項目はかなりシンプルです。

　「反射」の設定で「荒さ」を大きくした場合と似ていますが、「拡散反射」は光の入射方向にはまったく依存しない点が特徴です。

*

「拡散」の特性は、「表面材質」ウィンドウ[†]の「拡散反射」スライダ値から入力します。

また材質に色がつく場合には、「カラーボックス」で色を選択します。

最終的な出力の色は、「スライダ値」と「カラーボックスの値」をかけたものにしておおむね正しい反射率が得られるようになっています。

「0.5×(255,255,255)」と「1.0×(127, 127, 127)」は同じ色です。

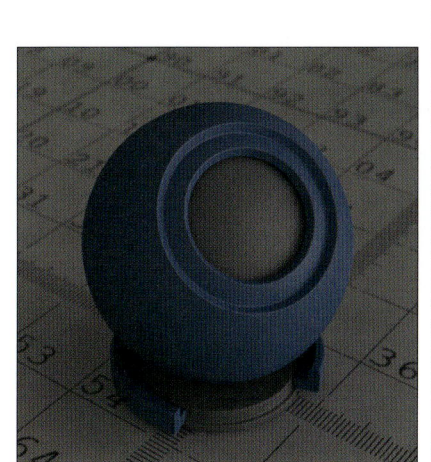
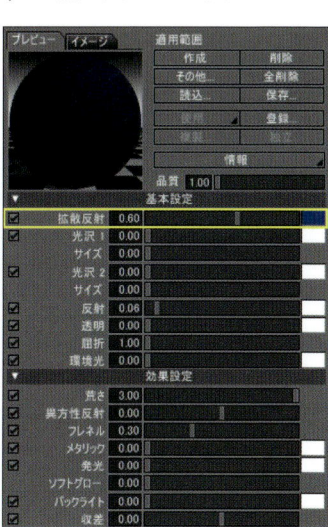

ワンポイント

「拡散反射」の設定をする上で注意すべき点は、**物体の反射率は高くても「60%」程度**だということです。

そのため、スライダ値は「0.6」に固定しておき、「カラーボックス」で任意の色を指定すると調整がしやすくなります。

5-2 モデルへの材質の割り当て

■「反射」と「拡散」の設定

実際に、作ったモデルに材質を割り当てていきましょう。

[1] ブラウザ[†]上で形状を選択し、「表面材質」を作ります。

「Shade3D」の「表面材質」システムでは、材質が割り当てられていない形状には、上位パートの材質が継承される仕様です。

[2] 最初の状態では、ルートパートに設定した材質が割り当てられており、個別に形状を選んで割り当てをすることで材質を上書きしていきます。

　基本的に「反射」の設定は、例によって「反射率0.06」「荒さ3.0」「フレネル0.3」の組み合わせです。

　「拡散」はスライダ値を「0.6」、「カラーボックス」は「255,255,255」としておきます。

[3] 続いて、テクスチャを割り当てていきます。

　「表面材質」ウィンドウ†のピクチャーボックスを右クリック、画像の読み込みから、**第2章**で作った顔のテクスチャを再度読み込みます。

> ※ 画像を削除していなかった場合は「同じイメージがすでに読み込まれている」という趣旨のメッセージが出ます。
> 　この場合は、「既存のイメージオブジェクトを使用」を選んですでに読み込みずみのものを使って構いません。

[4] 属性は「拡散反射」、合成モードは「通常」にします。

[5] ブラウザ†からテクスチャ画像を選択し、「形状情報」ウィンドウのガンマを「モニター1.0/2.2」に切り替えます。

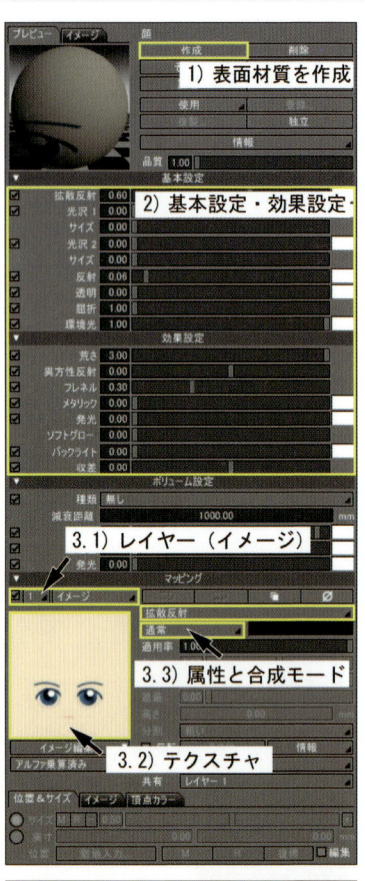

1) 表面材質を作成
2) 基本設定・効果設定
3.1) レイヤー（イメージ）
3.3) 属性と合成モード
3.2) テクスチャ

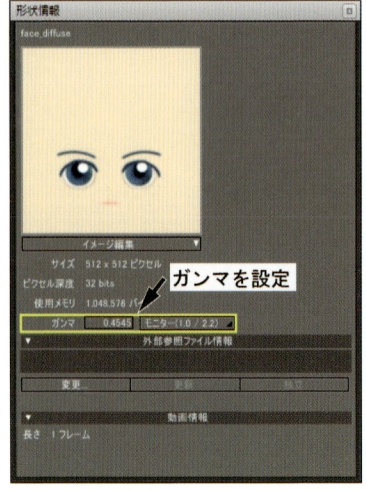

ガンマを設定

この、ガンマの設定は、「4-5レンダリング設定」で指定した「色補正」の「ガンマ」に対する「逆変換」です。

テクスチャをそのまま貼り付け、レンダリングをした後に画像全体にガンマ補正をかけると、色が変わってしまいます。そこで、ガンマ補正後に正しい色になるように読み込んだ画像に対して「逆変換」を与えています。

モデルへのテクスチャの割り当ては、基本的にはこの作業の繰り返しです。
「荒さ」で光沢感を、「テクスチャ」で色を塗り分けながら、全体の色を決めていきます。

*

以降では、ディテールを向上させる小技を2つ紹介して、さらにディテールアップをしていきます。

■ [「表面材質」の小技] 荒さマップ

ここでは、「荒さスライダ値」をテクスチャ操作する、「荒さマップ」を使ってみます。

*

実際の模型や工業用品の塗装では、複雑な模様など筆で塗り分けるのが困難な部分を、「ステッカー」として印刷し、塗装の上にステッカーを貼った仕上がりになっている箇所があります。

そして通常、「ステッカー」の表面は「マット仕上げ」の塗装よりやや滑らかになっており、地の塗装の色とは光沢感が異なります。

次に示した図のように、「ステッカー部分」はちょっと光沢感が違うような状況です。

マークの周りの荒さを低減してステッカー風に

荒さマップあり　　　　荒さマップなし

　ここでは、キャラクターの目の部分に、「荒さマップ」を用いて「ステッカー」の光沢を出していきます。

[1] 画像編集ソフトで「拡散反射」のテクスチャの上に1枚レイヤー（図では「rough」という名前）を作ります。

[2] 目を中心に「明るいグレー」（ここでは(246, 246, 246)※を）の円を描きました。この白い部分が、光沢仕上げになる領域です。

> ※「荒さマップ」は、「黒」(0, 0, 0) が「荒さスライダ値」と同じ荒さ、「白」(255, 255, 255) が「荒さ0」と同じ荒さになります。
> 　「荒さスライダ値」が「3.0」で、「テクスチャ値」が (246, 246, 246) だと、「荒さスライダ値」で「3.0 × (1 − 246/255) = 0.11」くらいになります。

[3] 「UVマップ」の「ワイヤーフレーム」を見ながら、目からハミ出している部分を消していきます。

[4] もう1枚「rough」の後ろにレイヤーを作り、「黒」(0, 0, 0)で塗りつぶします。

[5] 反対の目も同様に描いて、画像として保存します。

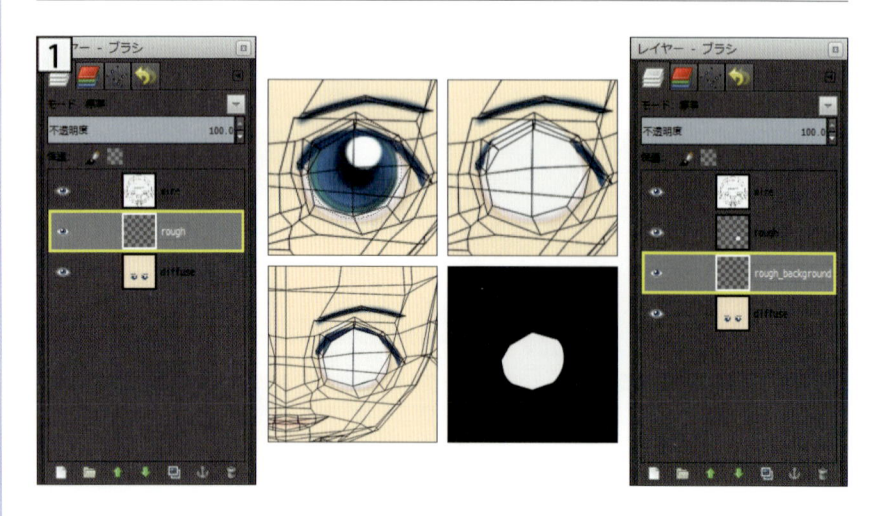

　「Shade3D」に戻り、「表面材質」ウィンドウの「レイヤーポップアップ・メニュー」で、レイヤーを新規作成し、新たに作った「荒さマップ画像」を選択。属性を「荒さ」、合成モードは「通常」とします。
　設定前と比較すると、目の光沢感に違いが出ているのが分かります。

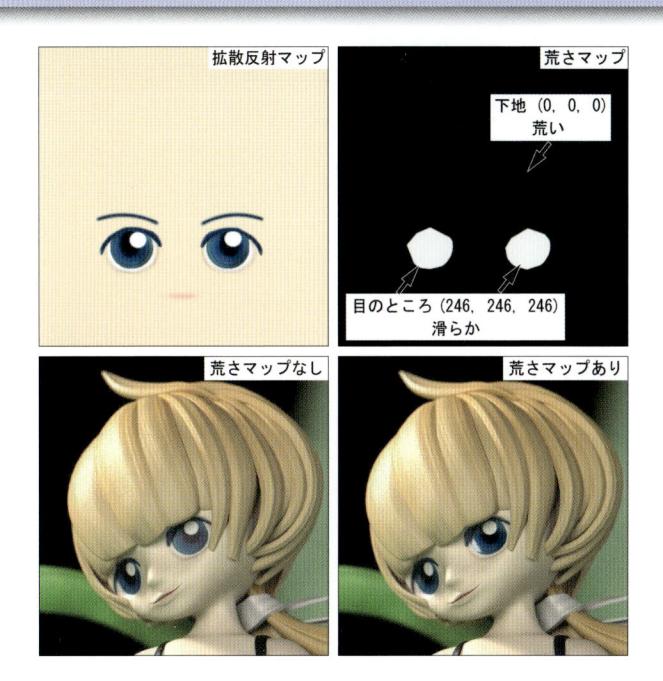

■ [その他のテクスチャマッピング] 法線マップ

　もう1つ、作成に効果的なテクスチャマップとして、「法線マップ」を作ってみます。

　「法線マップ」は、「ポリゴンメッシュ」では表現できない、表面の微細な凹凸をテクスチャとして与えるもので、「キズ」や「凹み」といった表現によく用いられます。

　前ページの図では、「法線マップ」によって、「髪」のパーツに「ヘアライン状」の凹凸を付ける操作を行ないました。

　「法線マップ」は「表面材質」ウィンドウのマッピングで属性「法線マップ」を選択して使います。

　表面に付けたい凹凸は、「グレースケール」のテクスチャとして作ります。

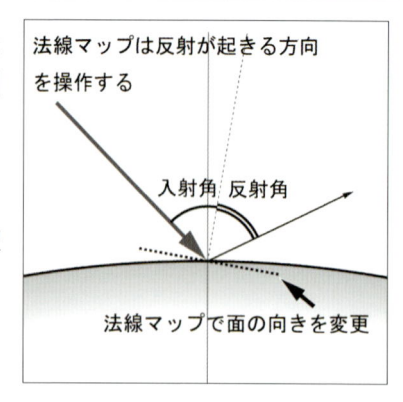

法線マップは反射が起きる方向を操作する

入射角　反射角

法線マップで面の向きを変更

[1] ヘアライン状のパターンは、画像編画像編集ソフトで「砂嵐」や「雲」などのノイズを生成し、一部を選択して引き延ばすことで作ります。

[2] 作ったヘアラインパターンは、テクスチャなどとしていったん「Shade3D」に読み込みます。

[3] ブラウザ[†]から読み込んだ画像を選び、「形状情報」ウィンドウ[†]の、「イメージ編集」から「法線マップに変換」を選択して、「法線マップ」を作ります。

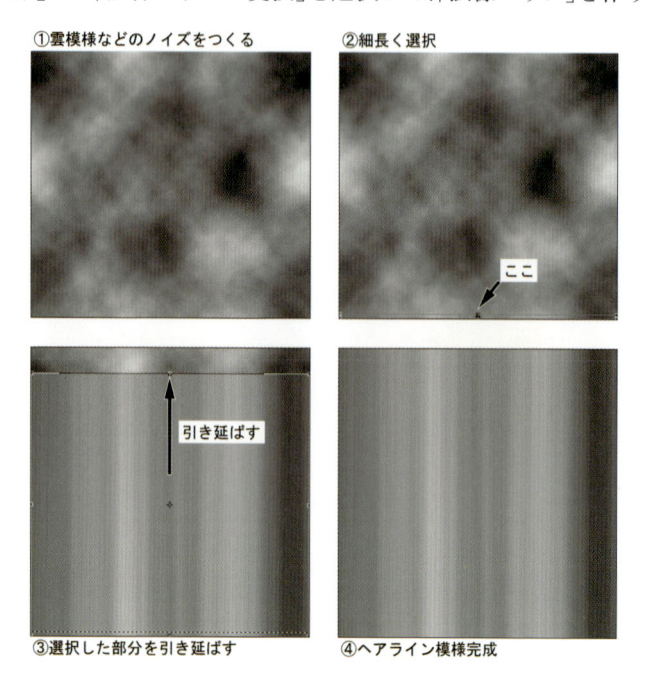

①雲模様などのノイズをつくる　②細長く選択

ここ

引き延ばす

③選択した部分を引き延ばす　④ヘアライン模様完成

[4] この「法線マップ」は、「面の傾き」を「カラー画像」として表現したもので、光が入射する面の向きを色として表現したものです。

　作成した「法線マップ」は、「テクスチャ」として読み込み、属性を「法線マップ」とします。

　ヘアラインのように方向のあるノイズをあとから適用する場合、UV展開の時点で模様の向きを意識しておくと、テクスチャの作成が非常に楽です。

＊

　すべての「表面材質」が出来上がったら、レンダリングをして、ひとまずの完成です。

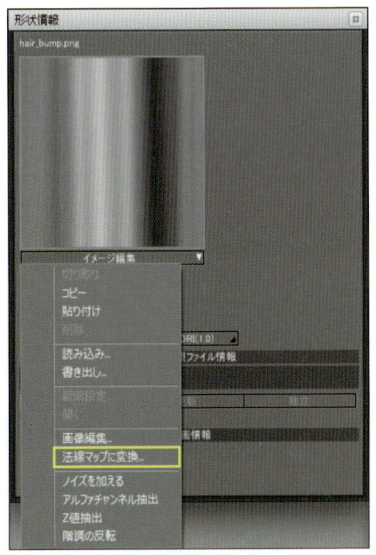

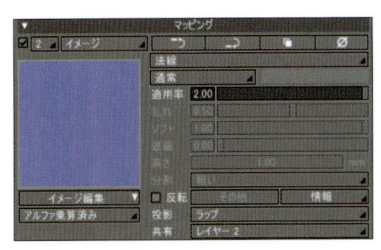

5-3 演出用の小物を配置「落ち葉」の作成

最後に、おまけとして演出用の小物を配置していきます。

今回は、「落ち葉」を作ってキャラクターの周りにちりばめてみましょう。

■「落ち葉」の作成

「落ち葉」の形状は、「自由曲面」で作ります。

「板」に"うねり"を付けることで、単純な板で「葉っぱ」を表現するよりも、少しだけ見栄えがよくなります。

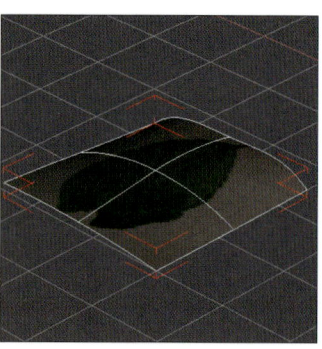

[1] 「開いた線形状」†で3頂点の線形状を作り、「掃引体」で引き延ばして面を作ります。

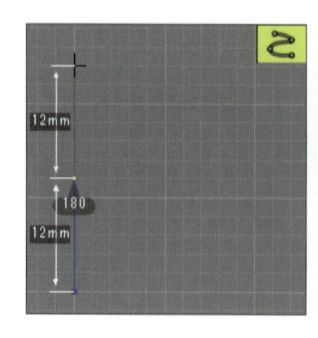
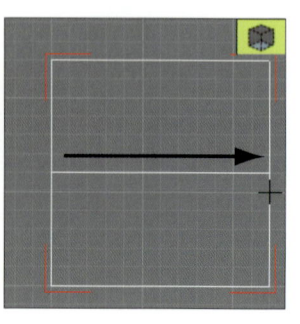

[2] 「ツールパラメータ」†の「自由曲面に変換」から「自由曲面」に変換します。

「自由曲面」は、複数の線形状からなる縦糸と、その頂点同士を結んだ横糸からなる形状です。

 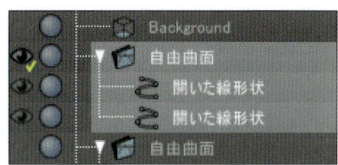

[3] ブラウザ上で「開いた線形状」を1つ選んで「Ctrl + C」「Ctrl + V」で複製すると、元の線形状と同じ位置に、線形状が1つ複製されます。

[4] 複製した線形状を移動して、2本の線形状の中間にもってきます。
自由曲面はブラウザ上の順序と、横糸のつなぎ方が連動しています。
左から順に「1、2、3」になるように順序を調整してください。

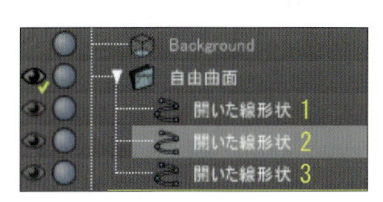 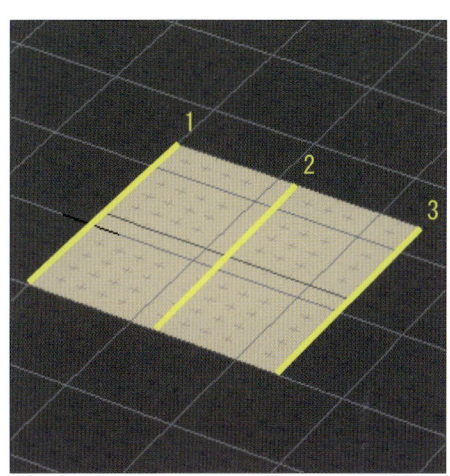

[5] 「開いた線形状」を1つずつ選択して、面外方向に頂点を移動させ、"うねり"を作ります。
「ツールボックス†」→「編集」→「スムーズ」を使って曲線をスムージングしながら位置を調整します。

[6] ブラウザ上で「自由曲面パート」を右クリック、切り替えを選ぶと、「縦糸」と「横糸」の選択を切り替えられるので、「横糸」についても同様に調整します。

■「落ち葉」の材質

葉のテクスチャは、写真素材を使います。

ここでは、自然寄りテクスチャ素材さんの葉っぱを使わせていただきました。

http://www.ft-lab.jp/NaturalTex/

[1] 葉の画像はそのまま「拡散反射マップ」として使います。

併せて、葉の輪郭を切り出した白黒画像を作成し、「トリム・マップ」として保存。

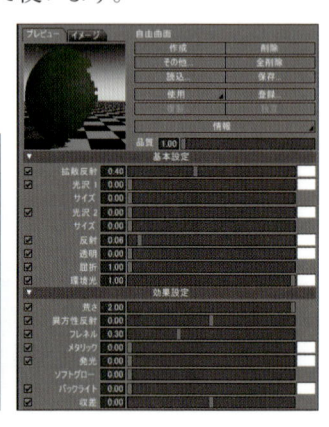

[2] 自由曲面パートに対して表面材質を設定します。材質の設定値は今までと同様に、「拡散反射 0.4」「反射 0.06」「荒さ 2.0」「フレネル 0.3」に。

[3] 葉の画像を読み込みんで、「拡散反射マップ」に設定。

葉の画像を選択したときの「形状情報」ウィンドウで、「ガンマ値」を「モニター」(1.0/2.2)に切り替える設定は忘れずに行ないます。

[4] レイヤーを追加して、葉の白黒画像を「トリム・マップ」に設定します。「トリム・マップ」は、テクスチャを用いて形状を切り抜く「テクスチャ・マップ」で、黒で塗った部分を切り抜きます。

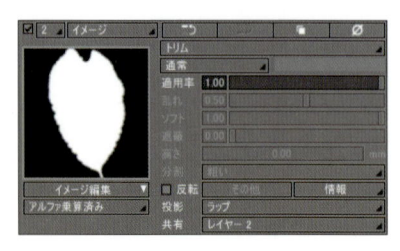
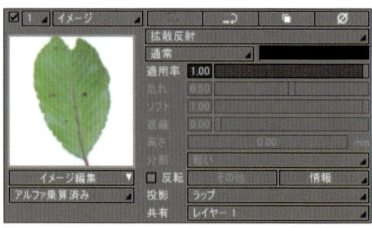

■「落ち葉」の配置

作った「落ち葉」は、大きさを調整して配置します。

「ツールボックス[†]」→「複製」→「リンク形状を作成」で、「葉っぱ」を複製して配置します。

作成した葉をリンク形状として配置

ワンポイント

「リンク形状」は、リンク元の形状への参照を作ります。

こうしておくと、直接葉っぱを複製して配置するよりも幾分メモリを節約できます。今回は「葉っぱ」をたくさん複製したかったので、リンク形状として配置するようにしました。

＊

ところで、実際にこのようなシーンを作ってみると、配置するオブジェクトの数が増加するにつれてレンダリング時間が大きく増加します。

今回、小さな葉っぱをちりばめる演出を行なった際にも、葉っぱを配置する前と場合に比べると2～3倍のレンダリング時間がかかっています。

このあたりの密度感は計算時間、配置の手間と見栄えとの間で調整して決めていきましょう。

コラム 「Shade3D ver.17」の紹介

2017年に「Shade3D」の「ver.17」が発売されました。

最大の特徴は、「NURBS」という新しいモデリング機能が追加されたことです。しかし、「NURBS」は「Professionalグレード」でしか使えません。

そこで、ここでは「Basicグレード」にも共通する新機能をいくつか紹介します。1つ1つは地味に見えるかもしれません。しかし、どれも使い勝手が着実に良くなる機能となります。

■ 拡大縮小マニピュレータ

「マニピュレータ」[†]のモードの1つである「拡大縮小」にて、2軸を同時に拡大縮小できるハンドルが追加されました。

Shiftキーを押しながらドラッグすることで、2軸に対して均等拡大縮小もできます。

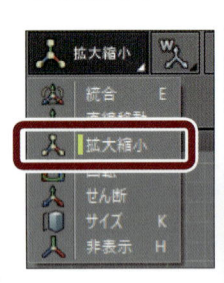

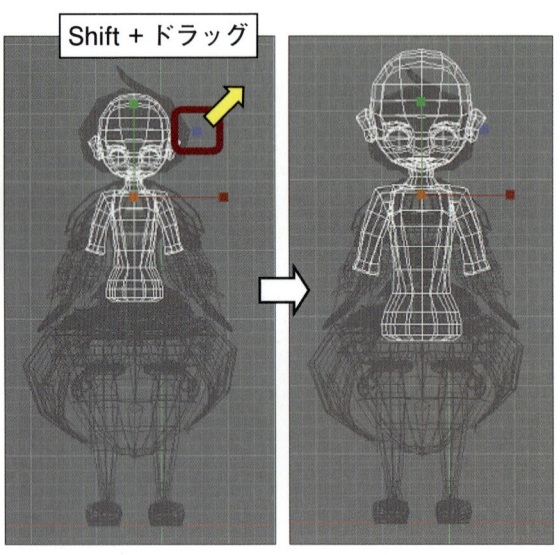

■ 基準形状に整列

基準となる形状に対して、さまざまな状態で整列・配列するための機能です。

たとえば、図のように任意の線形状に沿って花を配列することもできます。

使い方は下記の手順になります。

① 「表示」メニュー内の「形状整列」を選択。
② 基準となる形状（作例では線形状）を作成し、選択。
③ 「形状整列」ウインドウ内の「記憶」をクリック。
④ 配列したい形状を選択（作例では花のモデル）。
⑤ 「更新」をクリックすると、配列される。

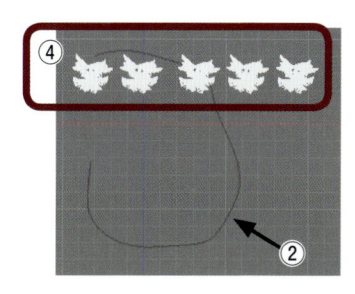

■「ShadeExplorer」に「ライトルーム」が追加

　リアルなレンダリングを求める場合、「ライティング」(照明)はとても重要です。

　「ShadeExplorer」に、魅力的なライティングが設定された「ライトルーム・サンプル」が追加されました。

　本書とはまた違ったライティング効果を試してみるのも面白いです。

　好みのライトルームをダブルクリックすると、シーンが開かれます。そこに、モデルデータをインポートして使います。

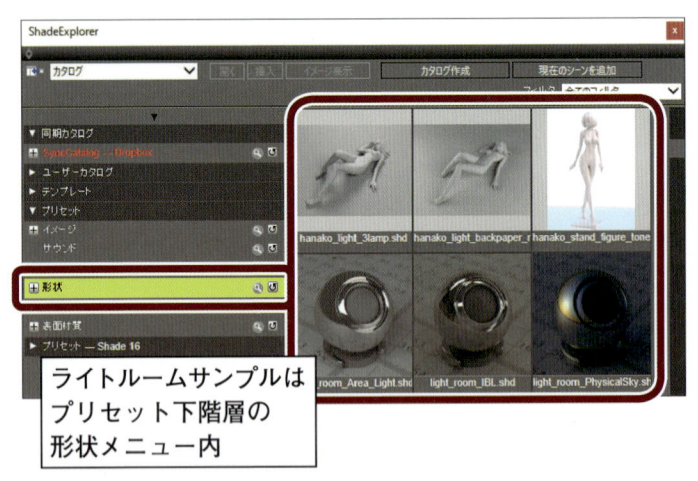

　ライトルームサンプルはプリセット下階層の形状メニュー内

グラビア撮影風

屋外シーンを模擬

第6章

高度な表現のための Tips

この章では、これまでのフィギュア制作で解説仕切れなかった細かなテクニックや、紹介した方法以外の選択肢について個別に解説していきます。

節ごとに独立した Tips 集になっています。

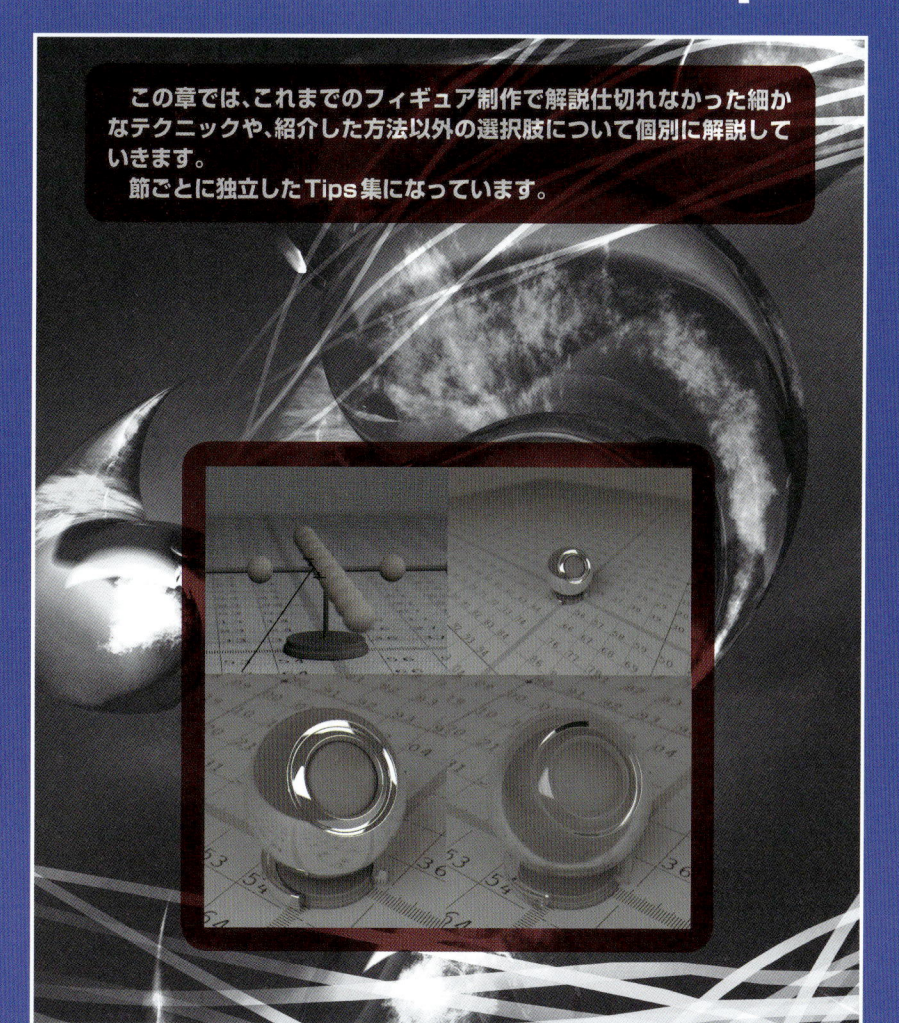

6-1　もっと「表面材質」

■ 透明な材質

　「ガラス」や「水」のような透明な材質は CG でも比較的好まれる表現の1つです。

　「宝石」や「ガラス細工」など美しいモチーフが多いですし、屈折光を正しく描画するというのは「CG」ならではの表現でもあります。

*

　透明な物体の設定はかなりシンプルです。

透明	1.0
屈折	1.4
フレネル	1.0
荒さ	0.1 〜 3.0 の間で調節

※「屈折」には材質の屈折率を入力します。

　厳密には、「屈折率」は材質によって異なるのですが、あまり細かく設定しても結果にはほとんど影響しません。

　実のところ、「Shade3D」は、透明な材質を正しく扱うのがあまり得意ではありません。

　特に、「コースティクス」と呼ばれる「透過光」の計算をすると、いろいろと嘘が混じってきます。

　計算の正確さについては、ある程度割り切って考える必要があります。

■ 金属の材質

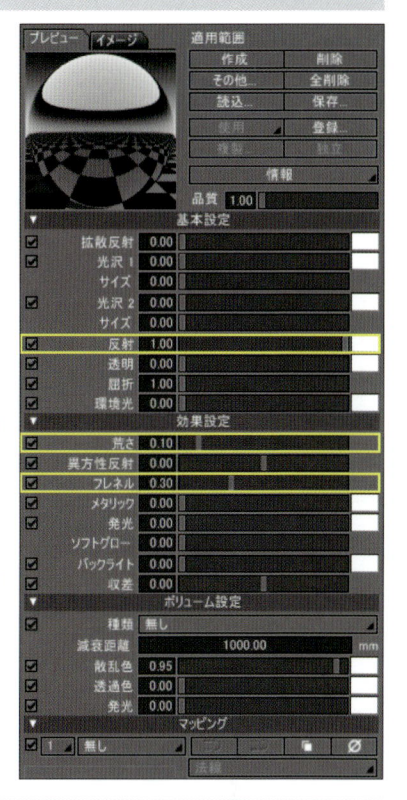

　「金属」の材質も、同様に「反射」を適切に制御することで作成できます。

　「金属」の特徴は、「拡散反射」が非常に小さいことと、「反射」が大きいことで、通常は「拡散反射0.0」「反射1.0」で特徴づけられます。

　また、「金」や「銅」などのように反射に色がついている場合もあります。

> ※「メタリック」というスライダ値は、材質表面に擬似な金属光沢を付加するもので、背景と反射を正しくモデル化する今回のような場合には使いません。

■「発光」を使ったテクニック

　「発光」スライダ値を設定すると、形状を「発光」させることができます。

　「面」に光が当たっているかどうかに関係なく一定の明るさをもたせる設定で、原理的には「発光」を与えた面は、「面光源」と同じように振る舞います。

　ただし、「面光源」はレンダリング時に「光源」として明示的に利用されるのに対し、「表面材質」の発光は「間接光」と同じ扱いとなるため、レンダリングするときの収束の速さに差が出ます。

　「表面材質」の「発光」は、「光源」には適さないプロパティと言えるでしょう。

　ここでは、そんな「発光」を、「光源」以外の用途で用いる例として、「陰」に入っても暗くならない材質を紹介します。

＊

　作例では、「瞳」の「ハイライト」の部分に「発光」による「ハイライト」を加えて、「目」のパーツに強い光が当たっていないときでも、「ハイライト部分」だけは白く光るようにしています。

　実際には、「発光する材料」というのはあまりないので、こうした演出はCGによるフェイクの一種です。

　意図した位置に「ハイライト」を入れたり、特定の模様を明るく見せるといった用途には効果的な設定になると思います。

> ※ 現実のモデルで同じようなことをする場合は、「蛍光塗料」や「夜光塗料」を利用することになるのだと思います。

6-2 照明について

■ イメージベースド・ライティング

「イメージベースド・ライティング」(IBL)とは、「天球」に投影したパノラマ画像を光源として利用する機能です。「プラネタリウム」のような「球体スクリーン」のスタジオに入って撮影をするような状況を作り出します。

*

「背景」ウィンドウのピクチャーボックスに、背景画像として「パノラマHDRI画像」を指定すると利用できます。

「パノラマHDRI」(High Dynamic Range Image)はIBL用に明るさ情報を保持した画像形式で、通常は「Radiance形式」(*.hdr)や「OpenEXR形式」(*.exr)で保存されています。

Web上でも配布、販売されているものが数多く見つけることができるほか、「Shade3D」のプリセットでもいくつか用意されています。

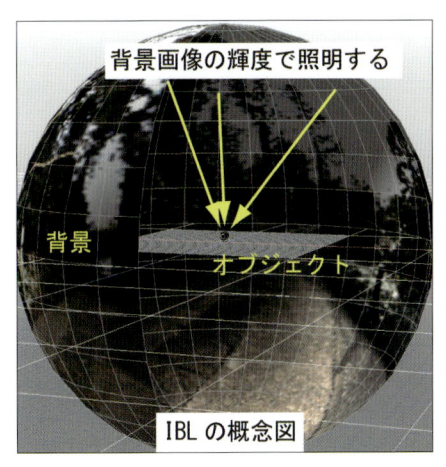
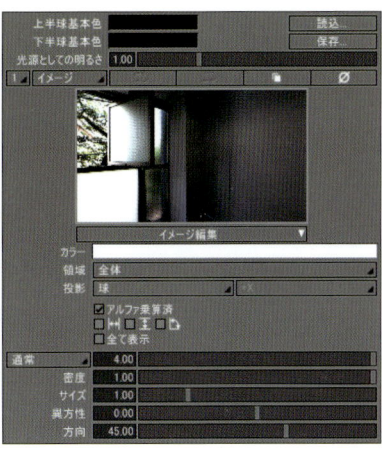

「IBL」を利用する場合、自前で光源を配置する必要はありません。

「IBL」は、手軽に写実的な照明環境が得られ、光源位置などの微調整ができない(画像なので光源の位置を変えられない)こと以外は、便利な光源です。

お気に入りの「IBL」をいくつかもっておくことを、お勧めします。

■「点光源」と「線光源」を使わないことについて

　「Shade3D」のツールパレットには、「点光源」「スポットライト」「線光源」といったさまざまな光源が用意されていますが、本書では使ってきませんでした。

　「光源」には、大きく2つの役割があります。
　①「拡散反射」によって面を明るく照らす効果、②「反射」によって光源自体が物体に映り込んでハイライトを作ることです。

＊

　「点光源」や「線光源」といった「面積」をもたない「光源」は、「光源」を直接見ることができないため、物体に映り込むことができません。
　直視しても見えない(まぶしくない)光源では、「光源」自体が見えないことによる不自然さを避けられません。

　「点光源」や「線光源」は、写実的な仕上がりを目指す場合には適さない光源といえるでしょう。

＊

　何かの事情で「点光源」を使う場合には、「表面材質」に光沢を設定すると、面積をもたない光源に対しても擬似的な光沢を付加できます。

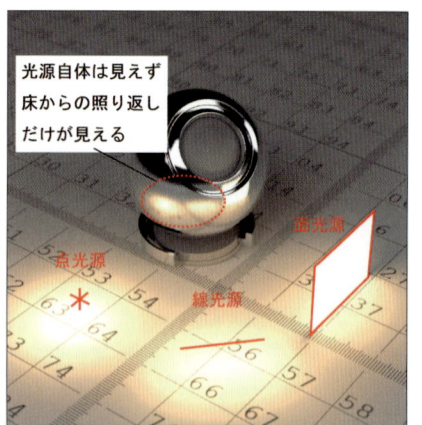

光源自体は見えず床からの照り返しだけが見える

面光源
点光源
線光源

6-3　カメラの設定値

■「焦点距離」と「画角」

　この節では、カメラを設定する上で、知っていると便利な設定値をいくつか紹介していきます。

＊

　「焦点距離」とは、カメラのレンズ特性を表わすパラメータで、カメラから見た撮影範囲の広さ(画角)を表わしています。

※ 本来の意味は、その名の通りレンズに平行光が入射したときの、レンズ中心と焦点との距離のこと。

「焦点距離」は「短い」ほど撮影範囲が広くなり、「長い」ほど狭くなります。

一般的なカメラの「ズーム機能」は焦点距離を変化させることでスクリーンに映り込む範囲と遠近感を変化させています。

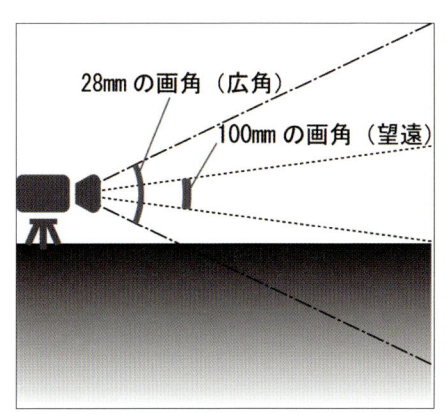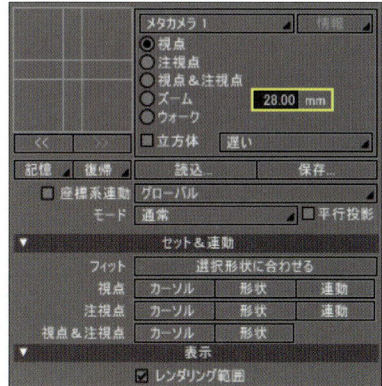

「焦点距離」は、「カメラ」ウィンドウ†の「ズーム値」に入力することで設定します。

いくつか参考値を紹介すると、「スマホのカメラ」は「28mm」くらい、ヒトの自然な視野は「50mm」くらい、「コンパクトデジカメ」の「ズーム側」は「250mm」くらい、「バズーカ」みたいな「望遠レンズ」は「800mm」くらいです。

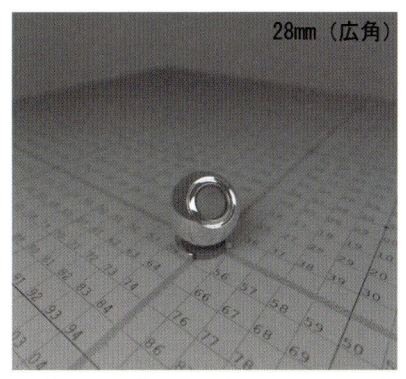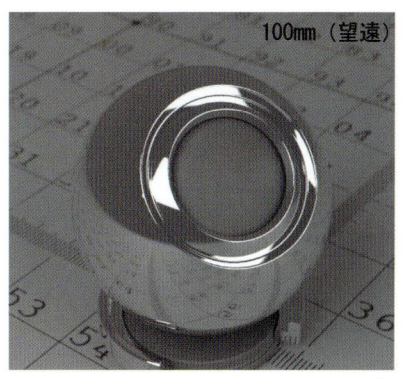

画角による映り方の違い（カメラの位置は同じで画角だけが異なる場合の見え方）

■ 被写界深度

　写真にはピントが合っている距離があり、その前後の像は「ピンぼけ状態」になっています。
　一般には、ピント面とその前後にあるほぼピントが合っている範囲を「被写界深度」と呼んでいます。

＊

　「ボケ味」は「カメラ」ウィンドウの「焦点スライダ値」から制御します。
　「焦点」ボタンは、現在の三次元カーソルの位置にピントを合わせるボタンです。

[1] まず、図形ウィンドウ上でピントを合わせたい点をクリックしてカーソルを置き、「焦点」ボタンをクリックしてピントを合わせます。

[2] 「ボケ」の量は「焦点スライダ値」で調節します。通常は「0.1」くらいの値で大丈夫です。

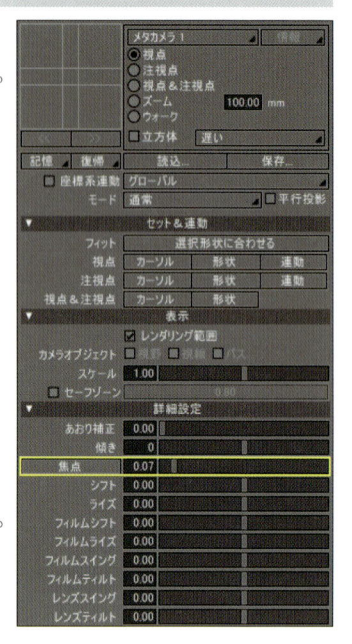

　右の図は、「焦点距離」と、「焦点スライダ値」の関係を、「F値」ごとに換算したグラフです。想定するカメラのF値ごとに線を引いてあります。
　「F値」になじみがない方は、「F8」の線を読んでください。カメラの「焦点距離」が「100mm」なら、「焦点スライダ値」は「0.09」くらいです。

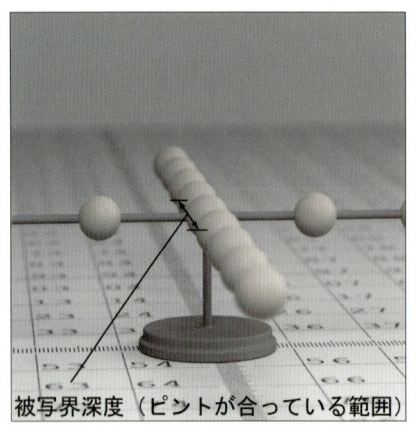

被写界深度（ピントが合っている範囲）

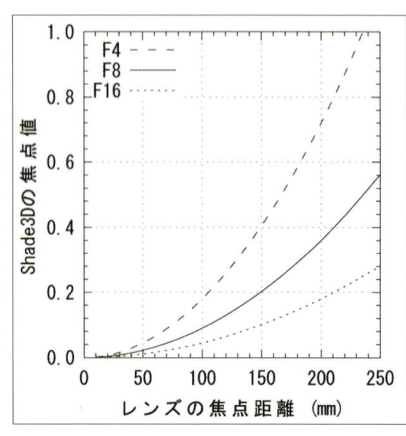

> テストレンダリングで「ピンぼけ」が入ると作業しづらいです。
> 制作中は焦点スライダ値を「0.0」にして、ボケないようにします。

6-4 「レンダリング設定」の基礎知識

レンダリング設定†には、多くの設定値が用意されています。

これらの設定値には、画風の選択をするものや、計算を端折って高速化する
ものなど、それぞれに設定の意図があり、1つ
の物差しでは測れないところがあります。

*

ここでは、「写実的な仕上がり」を目指す
という方針のもと、現実に起こる物理現象を
シミュレートするか、という観点で設定値を
整理してみました。

設定値の参考にしてください。

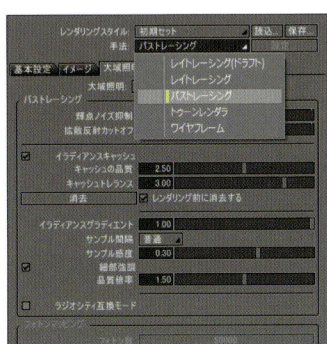

■「レンダリング手法」と「グローバル・イルミネーション」

「レンダリング・アルゴリズム」は、「レンダリング設定」†の「手法」で選ぶこ
とのできる3つのレンダリング手法「レイトレーシング（ドラフト）」「レイトレー
シング」「パストレーシング」と、「レンダリング設定」†の「大域照明」タブから
選ぶことができる5つの大域照明手法「なし」「パストレーシング」「フォトン
マッピング」「パストレーシング + フォトンマッピング」「ラジオシティ」――の
組み合わせで定まります。

すなわち「3 × 5種類」の異なる「レンダリング・アルゴリズム」の中から必要
な設定を選ぶ必要があるわけです。

そして、このうち「写実的な仕上がり」にとって意味があるのは、以下の組み
合わせのいずれかです。

・手法: パストレーシング + 大域照明: パストレーシング

「大域照明」に「パストレーシング」を使うときは、大域照明タブ下段にある「反
射係数」は「2.0」とします。

・**手法: パストレーシング + 大域照明: フォトンマッピング**

　「大域照明」に「フォトン・マッピング」を使うときは、大域照明タブ下段にある「反射係数」は「1.25」とします。

・**手法: パストレーシング + 大域照明: ラジオシティ**

　「大域照明」に「ラジオシティ」を使うときは、大域照明タブ下段にある「反射係数」は「1.00」とします。

　本書では、このうちはじめの「手法: パストレーシング + 大域照明: パストレーシング」の組み合わせを推奨してきました。

　「レイトレーシング(ドラフト)」や「レイトレーシング」は「表面材質」の荒さや、「被写界深度」に由来するボケの計算が含まれておらず、「パストレーシング」に比べて計算量は大幅に抑えられてはいるものの、写実的な表現には適しません。

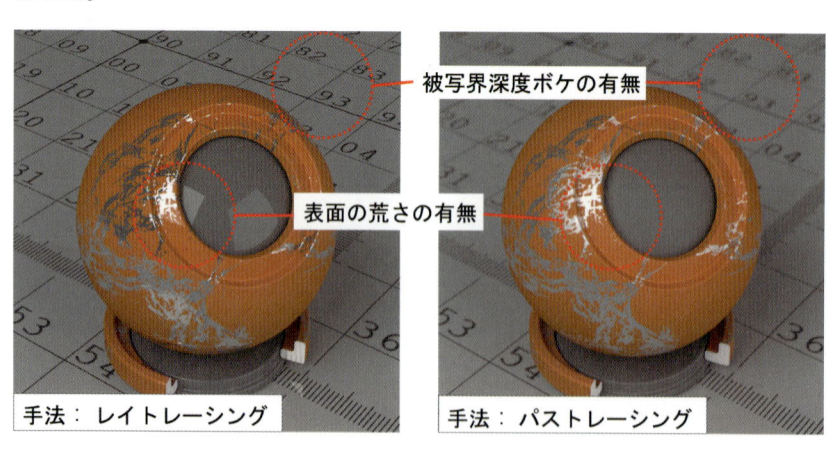

被写界深度ボケの有無

表面の荒さの有無

手法： レイトレーシング　　　手法： パストレーシング

　また、「大域照明」の手法は、「反射係数」の適正値に差があるという珍妙な仕様ではあるものの、いずれの組み合わせも、おおむね正しい結果が得られます。

　シーンや設定値によって品質に差が出やすい、「フォトンマッピング」や「ラジオシティ」に比べ、「パストレーシング」、は時間さえかければほぼ正解に収束するため、計算時間を許容できる限り「パストレーシング」はお勧めの方法です。

■ 視線の追跡レベルとレイトレーシングの画質

「レンダリング設定」†の「その他」タブにある、「視線の追跡レベル」と「レイトレーシングの画質」はいずれもレンダリング時間調整の鍵となるパラメータです。

視線の追跡レベルが不足

視線の追跡レベルが十分

● 視線の追跡レベル

「視線の追跡レベル」は、カメラ側から見て何回目の反射まで計算するかを指示するパラメータです。

物理的には、無限回の反射まで考慮するのが正しいのですが、この設定値は値を大きくすると計算時間が著しく増加します。

通常は「4」程度で充分な品質が得られます。

鏡やガラスなどを含むシーンでは、反射の計算が途中で打ち切った箇所が目立つ場合があり、こうした不具合が出た場合は反射回数を増やして対処します。

● レイトレーシングの画質

「レイトレーシングの画質」は、レンダリング結果に現われるノイズの量を制御するパラメータです。

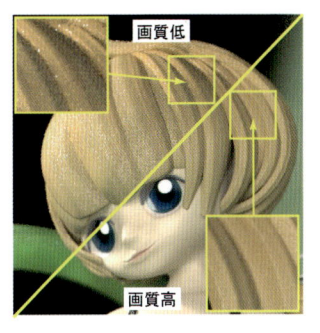

画質低

画質高

「パストレーシング」では、計算の過程で拡散反射の方向を変化させながら計算を複数回行ない、その平均値を表示しています。

「パストレーシング」は試行回数が増えるほど真値に収束する確率的アルゴリズムで、収束誤差は結果にノイズとして表われます。

「レイトレーシングの画質」は、この試行回数を増加させるパラメータで、大きな値にするほど計算時間が増大し、ノイズが減少します。

＊

経験的には「100〜250」程度の値で充分にノイズが少ないレンダリング結果を得られます。

通常はテストレンダリングのときは「10〜50」程度の小さな値でテストし、最終レンダリング時に高品質なレンダリングを行なう、といった使い方をします。

附録①　疑似被写界深度

6章で習得した「カメラ」ウィンドウによる「焦点」の設定により、正確な「被写界深度」効果を得ることができます。

一方で、好みの「被写界深度」を得るには、レンダリングを繰り返す試行錯誤が必要になります。
そこで、疑似的でよいので、短時間で「被写界深度」を表現したい場合には、専用のソフトを使うという手段もあります。
筆者がフリーソフトとして公開している「フォーカスアウタ2」もその一つです。

http://www.vector.co.jp/soft/win95/art/se442064.html

なお、「Shade3D Standard」以上のグレードであれば、「DepthPlus」というプラグインを使うことで、疑似的に被写界深度を付加することができます。

■「フォーカスアウタ2」の使い方

事前に、「Shade3D」でレンダリングした画像と、「Z値画像」を保存します。
「Z値画像」とは、レンダリングした画像の奥行情報を白黒の濃淡で表現した画像になります。
「イメージ・ウィンドウ」下部のメニューから選択できます。

> ※ Z値画像は事前に「PictBear」などの「ペイント・ソフト」を使い、レイヤーの「オーバーレイ」を重ねるなどして濃淡を強調すると、後工程の「被写界深度」効果がより強調されます。

Z値画像の表示

「フォーカスアウタ2」を起動すると下記画面が表示されます。

① 変換前の領域をクリックし、レンダリングした画像を読み込み
② Z 値マスクの領域をクリックし、Z 値画像を読み込み
③ 変換前の画像内のうち、焦点を合わせたい部位を左クリック
④ 「パラメータ設定」欄にて、「Z マスク使用」を選択。
⑤ 「パラメータ設定」欄にて、ボカシ度の値を調整しながら、⑥ 「開始」ボタンを押す

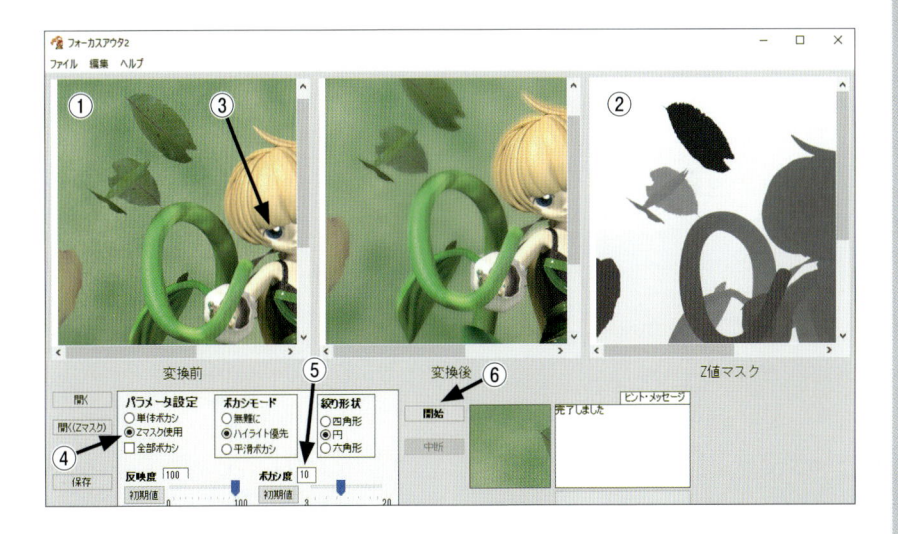

元画像

被写界深度効果の付加後

附録② レタッチ（色補正）

　前章までのテクニックを組み合わせると、とても美しい「レンダリング・イメージ」を得ることができます。

　ここにもう一工夫すると、さらに鮮明で色鮮やかなイメージに仕上げることができます。この作業のことを「レタッチ」と呼んでいます。

　レタッチに類する作業はShade3D内でも可能ですが、ペイントソフトを利用した方が簡便かつ短時間で作業できます。

　本書では、**2**章で使った「PictBear」を例に紹介します。

レタッチ前

レタッチ後

■「明暗」（コントラスト）の調整

　「明暗」（コントラスト）の調整には、レイヤー属性を利用すると、簡単です。

　元画像を3つのレイヤーに複製します。
　各レイヤーの「属性」と「透明度」を次図のように「スクリーン（20%）」「オーバーレイ（80%）」「乗算（50%）」に設定します。

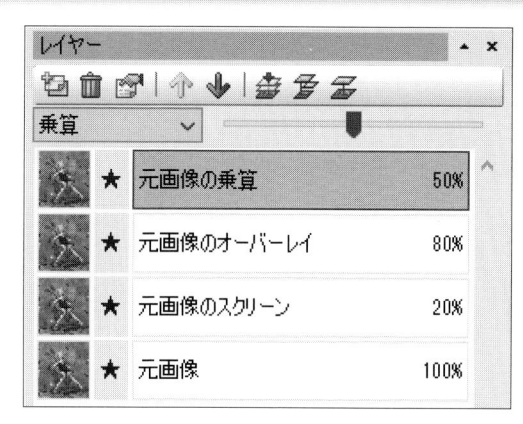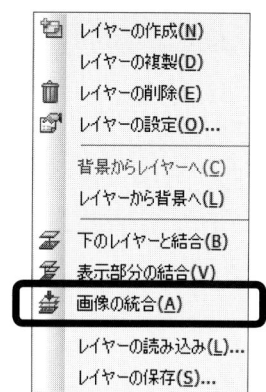

*

各レイヤー属性の効果の概要は下記のとおりです。

スクリーン	全体的に明るくなる。元が黒い色はその効果は小さく、元が明るい色は効果が顕著。
オーバーレイ	明るい部分はより明るく、暗い部分はより暗くなる。コントラストを強調する場合に有効。
乗算	全体的に暗くなる。元が黒い色はその効果は顕著となり、元が明るい色は効果が小さい。

　最後に、作ったレイヤーを右クリックして選択できる「画像の結合」により、1つのレイヤーに結合します（[2-5] 参照）。

　作例では、全体の明るさを少し上げつつコントラストを強調し、最後に明るすぎる部分を暗めにすることで、鮮明な印象に仕上げています。

　なお、各レイヤーの「透明度」は目安です。ここまでの鮮明さは不要な場合は、「透明度」の値を小さくして調整しましょう。

■ カラー補正

　次に、「色味」を調整します。

　「PictBear」には、「RGBの度合い」という機能があります。これを選択し、「赤/緑/青」の欄に次図のように数値を入力します。

　本作例では、キャラクターの肌の血色をよく見せるために、赤成分を強調し、対称に緑成分と青成分を弱めました。

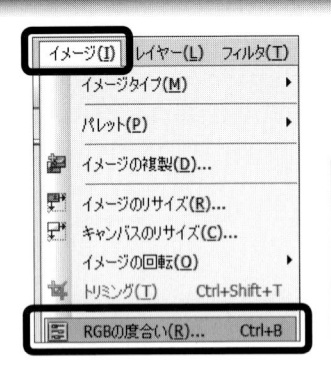
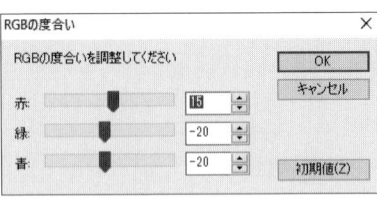

■ 仕上げ

「Shade3D」によるレンダリングイメージは、全体的にややボヤけた輪郭になる傾向にあります。

そのようなときは、「シャープ」フィルタを適用します。

*

「PictBear」の「シャープ」には「弱/強」の2種類があります。

ここでは、「シャープ弱」を2回適用します。

「シャープ強」は効果が強すぎるため、画像が荒れてしまうからです。

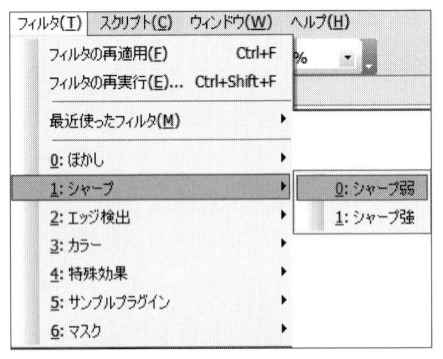

最後に、もう一度レイヤーを2つ複製します。

複製レイヤーの属性を「オーバーレイ」と「スクリーン」にし、それぞれ透明度を「20%」にしました。

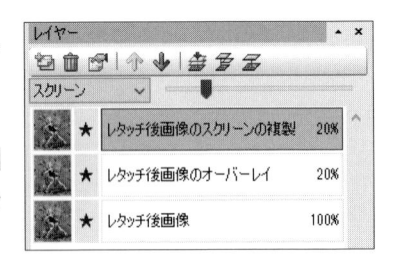

*

以上でレタッチ作業は完了です。

「レタッチ」は、やりすぎてしまうと、元のイメージの良さを損なってしまいます。

適度な微調整をしつつ、魅力を最大限に引き出せるよう、試してください。

附録③ よく使う操作（ツール）一覧

よく使う操作（ツール）の一覧を下記表にまとめました。本書を読み進めていく中で、操作の呼び出し方を忘れてしまったときに参考にしてください。

名称	呼び出し方	主な参照章
UV 画像の保存	ツール → UV → UV を画像ファイル出力 UV 編集画面内を右クリック → UV を画像ファイル出力	2-5
UV 作成	ツール → UV → UV 作成 図形ウィンドウの UV 編集中央上のメニュー → UV 作成	2-4
UV 編集画面	図形ウィンドウ左上のメニュー → UV	2-4
移動 / 拡大操作	ツール → 移動 ツールボックス → 作成 → 移動 / 複製 → 移動	1-4
イメージウィンドウ	表示 → イメージウィンドウ	4-5
色補正ウィンドウ	表示 → 色補正	4-5
ウィンドウレイアウトセレクタ	表示 → ウィンドウレイアウトセレクタ	1-3
角の丸めツール	ツール → 編集 [線形状] → 角の丸め ツールボックス → 編集 → 線形状 → 角の丸め	4-3
カメラウィンドウ（カメラ操作）	表示 → カメラ 総合パレット → カメラタブ	1-5 4-4
カメラツール	ツール → 作成 → カメラ ツールボックス → 作成 → 光源 / カメラ → カメラ	4-4
均等拡大縮小	ツール → 移動 → 均等拡大縮小 ツールボックス → 作成 → 移動 / 複製 → 移動 → 均等拡大縮小	4-3
形状情報ウィンドウ	表示 → 形状情報 総合パレット → 形状情報タブ	4-3
形状を実体化（ミラーリングの解除）	ミラーリング†ツールを実行後にツールパラメータ† → 形状を実体化	1-4
形状編集モード	M（ショートカットキー） 選択→編集モード → 形状編集	1-4 4-3
光源ウィンドウ	表示 → 光源 総合パレット → 光源タブ	4-3 5-2
コントロールバー	表示→コントロールバー	1-3
座標系	図形 → 座標系 コントロールバー → グローバル / ローカル座標系の切替	1-3
サブディビジョンサーフェス	総合パレット → 形状情報ウィンドウ → サブディビジョンサーフェス	1-4
シェーディング表示（透視図の表示）	各図形ウィンドウ右上のボタン → シェーディング表示	1-3

光源ウィンドウ	表示 → 光源 総合パレット → 光源タブ	4-3 5-2
コントロールバー	表示 → コントロールバー	1-3
座標系	図形 → 座標系 コントロールバー → グローバル / ローカル座標系の切替	1-3
サブディビジョン サーフェス	総合パレット → 形状情報ウィンドウ → サブディビジョンサーフェス	1-4
シェーディング表示 (透視図の表示)	各図形ウィンドウ右上のボタン → シェーディング表示	1-3
視点操作 (四面図)	Shift + スペース + 左ドラッグ	1-5
定規	表示 → 定規	4-3
ショートカット	表示 → ショートカット	1-5
スキンウィンドウ	表示 → スキン	3-2
スムーズ	ツール → 編集 [線形状] → スムーズ ツールボックス → 編集 → 線形状 → スムーズ	5-3
掃引体ツール	ツール → 立体化 → 掃引体 ツールボックス → 作成 → 立体化 → 掃引体	4-3
総合パレット	表示 → 総合パレット	1-3
対象に複製	ツール → 複製 → 数値入力 ツールボックス → 作成 → 移動 / 複製 → 複製 → 数値入力	2-13
頂点整列	ツール → 編集 [共通] → 頂点整列 ツールボックス → 編集 → 共通 → その他 → 頂点整列	1-4
頂点 / 稜線 / 面の選択	選択 → 要素選択モード コントロールバー → ポリゴンの頂点選択モード	1-4
長方形ツール	ツール → 作成 → 一般 → 長方形 ツールボックス → 作成 → 一般 → 長方形	4-3
直方体形状の作成	ツール → 形状 → ポリゴン → 直方体 ツールボックス → 作成 → ポリゴン → 直方体形状を作成	1-3
ツールパラメータ	表示 → ツールパラメータ	1-3 5-3
ツールボックス	表示 → ツールボックス	1-3
テンプレートの設定	表示 → テンプレート設定 コントロールバー → テンプレート設定の表示 / 非表示	2-1
名前を付けて保存	ファイル → 名前を付けて保存 Ctrl + Shift + S	4-2
バインド	スキンウィンドウ† → 頂点ブレンド	3-2
パートの作成	ツール → パート → パート ツールボックス → パート → パート → パート	2-7

表面材質ウィンドウ （表面材質の設定）	表示 → 表面材質 総合パレット → 表面材質タブ	2-6 4-2 5-1
開いた線形状ツール	ツール → 作成 → 一般 → 開いた線形状 ツールボックス → 作成タブ → 形状 → 一般 → 開いた線形状	4-3 5-3
複製操作	ツール → 複製 ツールボックス → 作成 → 移動 / 複製 → 複製	2-7
ブラウザ	表示 → ブラウザ	1-3 4-2
ブラウザからの 表示/非表示切り替え	ブラウザ左端にある目のアイコン	2-7
ベベル	ツール → 編集 [メッシュ] → ベベル ツールボックス → 編集 → メッシュ → 編集 → ベベル	1-4
ボールジョイント ツール	ツール → パート → ボールジョイント ツールボックス → パート → ボールジョイント	4-3
ボーンの作成	ツール → パート → ボーン ツールボックス → パート → ジョイント → ボーン	3-1
ボーンを動かす	ボーンを選択した状態で形状情報ウィンドウ → ボーンジョイント 属性	3-2
マニピュレータ	図形 → マニピュレータタイプ コントロールバー → マニピュレータタイプの切替	1-3
ミラーリング	ツール → 編集 [共通] → ミラーリング ツールボックス → 編集 → 共通 → その他 → ミラーリング	1-4
面の切断	ツール → 編集 [メッシュ] → 切断 ツールボックス → 編集 → メッシュ → 編集 → 切断	1-4
面を張る / 削除	編集モード中に頂点または面を選択して右クリック	1-4
四面図	表示 → ワークスペースセレクタ	1-3
稜線のシャープ	稜線を選択後 → ツールボックス → メッシュ → サブディビジョ ンサーフェス → 稜線のシャープネス	1-4
リンク形状を作成	ツール → 複製 → リンク ツールボックス → 作成 → 移動 / 複製 → 複製 → リンク形状を作成	5-3
ループスライス	ツール → 編集 [メッシュ] → ループスライス ツールボックス → 編集 → メッシュ → 編集 → ループスライス	2-14
ループ選択	選択 → ループ選択 ツールボックス → 編集 → メッシュ → 選択 → 選択された稜線 / 面をループ状に選択	2-14
レンダリング設定	表示 → イメージウィンドウ → レンダリング設定（左上のプル ダウン）	6-4

索 引

■著者プロフィール

● sisioumaru（ししおうまる）

普段は「3D-CAD」を使っての機械（硬いもの）設計を業務にしているため、プライベートでは柔らかいもの（キャラクター）を好んで製作している。

「Shade3D」を使ったキャラクターモデルの作成を得意としている。「3Dプリンタ」を導入してからは、イラストからフィギュア用データを作る業務も請け負っている。

著者 HP では、「Shade3D」の個別 TIPS や画像編集ツールも公開中。

[著者 HP]：http://www002.upp.so-net.ne.jp/kimagure-Shade/

[著書]
Shade 3D Ver.15 CG テクニックガイド（共著）
Shade 3D Ver.16 CG テクニックガイド（共著）
Shade 3D ではじめる 3D プリント　　　　　　（以上、工学社）

● CASPAR003（かすぱ）

本業は主に数値計算をする人。専門は「建築基礎構造」なので、CG はあんまり関係ない。

「グローバル・イルミネーション」という語が商業的に流通しだしたあたりからレンダリングが趣味。レンダリングを学ぶとプログラミングが捗る。

光輸送を勉強すると現実が気になってカメラに手を出す。みたいな経緯で今に至る。

昼光の「フィジカル・スカイ」の実装はあるけれど、美しいフィジカルナイトスカイの実装がなかなか出てこないので、おもむろに作り始めたのが最近の自由研究。満点の星空をレンダリングしよう。

質問に関して	工学社ホームページ

質問に関して

本書の内容に関するご質問は、

① 返信用の切手を同封した手紙
② 往復はがき
③ FAX (03) 5269-6031
　（ご自宅の FAX 番号を明記してください）
④ E-mail　editors@kohgakusha.co.jp

のいずれかで、工学社 I/O 編集部宛にお願いします。
電話によるお問い合わせはご遠慮ください。

工学社ホームページ

サポートページは下記にあります。
http://www.kohgakusha.co.jp/

I/O BOOKS

3D-CG キャラクターテクニック

2017年11月20日　第1版第1刷発行 ⓒ 2017	著　者	sisioumaru / CASPAR003
2018年 1 月 5 日　第1版第2刷発行	発行人	星　正明
	発行所	株式会社工学社
		〒160-0004 東京都新宿区四谷4-28-20　2F
	電話	(03) 5269-2041(代) [営業]
		(03) 5269-6041(代) [編集]
※定価はカバーに表示してあります。	振替口座	00150-6-22510

[印刷]　(株) エーヴィスシステムズ　　　　　　　　　　　ISBN978-4-7775-2035-0